# साँझक दीप

# साँझक दीप

मैथिलीक विविध गद्यात्मक विधाक संग्रह

मालती उपाध्याय

सम्पादक

शंकरदेव झा

वाणी प्रकाशन

प्रकाशन के उत्कृष्टतम 61 वर्ष

vaniprakashan.com

सजिल्द पहला संस्करण : 2024

वाणी प्रकाशन

4695, 21-ए, दरियागंज, नयी दिल्ली-110 002

फ़ोन : +91 11 23273167, 23275710

**शाखाएँ**

अशोक राजपथ, पटना-800 004, बिहार

कॉफ़ी हाउस कैम्पस, महात्मा गांधी मार्ग, प्रयागराज-211 001, उत्तर प्रदेश

महात्मा गांधी अन्तरराष्ट्रीय हिन्दी विश्वविद्यालय, वर्धा-442 001, महाराष्ट्र

36/ए, शेक्सपियर सरणी, रानी बिरला गर्ल्स कॉलेज के पास, कोलकाता-700 017, प. बंगाल

sales@vaniprakashan.in

vaniprakashan@gmail.com

Sanjhak Deep

A Collection of Maithili Prose in Several Genre

*by* Malati Upadhyay

*Edited by* Shankardev Jha

ISBN : 978-93-5775-357-9

Non-Fiction



मूल्य : ₹ 425



जी.एस. ऑफ़सेट, दिल्ली-110 095 में मुद्रित

वाणी प्रकाशन का लोगो मक़बूल फ़िदा हुसेन की कूची से

समर्पित
हमर पिता स्व. श्री उमापति तिवारी

# तिले-तिले नूतन होए!

'साहित्य' शब्दक व्युत्पत्ति करैत कहल गेल अछि–जाहिमे सभक हितक भाव हो से थिक साहित्य–'सहितस्य भाव साहित्य'।

उपर्युक्त पारम्परिक परिभाषासँ भिन्नो साहित्यकेँ अनेक प्रकारेँ परिभाषित कयल जा सकैत अछि यथा, भाषाक माध्यमसँ अपन अनुभूतिकेँ अभिव्यक्त कयल जायवला ललितकला थिक 'साहित्य'।

वस्तुतः 'साहित्य'क जे प्रथम आचार्यीय परिभाषा अछि ताहिमे एकर महत् उद्देश्यहिकेँ सर्वोपरि मानल गेल अछि। मुदा प्रश्न ई उठैत अछि जे साहित्य भने सभक हितक भावसँ परिपूर्ण हो, मुदा जँ ओहिमे रंजकता नहि रहत तँ फेर लक्ष्य समुदाय ओकरा ग्रहण करबे किएक करत? तेहिना दोसर परिभाषामे जाहि प्रकारेँ साहित्यकेँ ललितकलाक श्रेणीमे राखल गेल अछि, तेहनामे एकर प्रधान उद्देश्य जँ अपन लक्ष्य पाठक वर्गकेँ मात्र मनोरंजनहिटा प्रदान करब होअय आ ओहिमे लोकमंगलसँ सम्बद्ध कोनो सन्देशे नहि हो तँ फेर एहि कोटिक साहित्य कदापि चिरजीविता प्राप्त नहि कऽ सकत !

यथार्थतः देखल जाय तँ साहित्यक सम्यक् ओ सन्तुलित परिभाषा तखनहि बनि सकैत अछि जखन ओहिमे मनोरंजकताक संग वैचारिकताक उपर्युपरि संयोग रहय। ई उपर्युपरि संयोग तखने भऽ सकत जखन हृदयसँ निःसृत भावनात्मक उद्‌गारकेँ मस्तिष्कक तर्कपूर्ण रचनात्मक विचारक संग योजित कऽ कऽ ओकरा भाषाक माध्यमसँ प्रस्तुत कयल जायत। हृदय ओ मस्तिष्क दुनूक संयोगसँ जे सर्जन कयल जायत से अपन पाठक वर्गक स्वस्थ ओ रचनात्मक मनोरंजन करैत ओकर चित्त ओ चिन्ताधारा दुहूकेँ परिष्कृत कऽ सकत, मधुर कल्पना लोकमे विचरण करयबाक संग-संग ओकरा अपन परिवेशक कठोर यथार्थसँ परिचित करा सकत, भावुकताक संग-संग ओकरा अपन युगीन सत्यसँ साक्षात्कार करा ओकर संवेदनाकेँ जगा सकत आ

चिन्तनशील बना सकत। एहि निकषपर कसल जे साहित्य होयत सैह शाश्वत ओ चिरकालिक महत्त्वक भऽ सकत। अन्यथा एकांगी प्रवृतिक साहित्य अपन वायवीयता ओ निरसताक कारणे तत्काल भने पतलोक आगि जकाँ धधकि उठैत हो, मुदा ओ शीघ्रे कालबाह्य होइत विस्मृतिक गताल खातामे चलि जयबाक हेतु अभिशप्त रहैत अछि।

चिरकालसँ विश्वक विभिन्न भाषामे साहित्य-सर्जन होइत आबि रहल अछि। मुदा ओहि साहित्यक भण्डारमे सँ जे कृति सब चिरकालिक ओ शाश्वत महत्त्वक होइत अछि ओहने कृति सभक आधारपर कोनो भाषा साहित्यिक-भाषाक गरिमा प्राप्त कऽ पबैत अछि। आइ भारतीय भाषा मध्य मैथिलीकेँ जे साहित्यिक प्रतिष्ठा प्राप्त छैक तकर हेतु थिक ओहि अनेकशः साहित्य-साधक लोकनिक साहित्य-साधना जे आइयो मैथिल समाजक साहित्यिक बुभुक्षाक शमन करैत अपन उपयोगिता बनौने अछि आ आगुओ बनौने रहत।

मैथिली भाषाकेँ साहित्य-सर्जनक माध्यमसँ सामर्थ्यवान ओ प्रतिष्ठित बनयबामे पुरुष रचनाकार लोकनिक सर्वोपरि योगदान तँ रहबे कयलनि अछि अपितु नारी लोकनि सेहो एहि दिशामे पाछू नहि रहलीह अछि। ब्रह्मवाहिनी गार्गी, मैत्रेयी आदिक नाम तँ इतिहास-प्रसिद्धे छनि। अपितु पूर्व मध्यकालक तीनटा 'लखिमा' नामक काव्य-रसिका ओ विदुषी नारीसँ के अपरिचित होयत ! एहि तीनिटा लखिमामे प्रथमा छलीह अन्तिम कर्णाट नरेश हरसिंहदेवक महारानी, द्वितीया छलीह अष्टरत्नाकरकार चण्डेश्वरठाकुरक अर्द्धांगिणी लखिमा ठकुराइनि ओ तृतीया छलीह प्रसिद्ध ओइनिवार नृपति ओ विद्यापतिक आश्रयदाता राजा शिवसिंहक राजमहिषी लखिमा। हिनका लोकनिक द्वारा रचित भाषा-पद तँ नहि किन्तु संस्कृतमे रचित कतोक पद्य ओ श्लोक अवश्य प्राप्त होइत अछि। मुदा ओही ओइनिवार राजवंशक शासनकालमे एकटा प्रबुद्ध कवयित्री भेल छलीह महाकवि विद्यापतिक पुत्रवधू चन्द्रकला, जनिक एकटा गीत 'रागतरंगिणी'मे भेटैत अछि आ दोसर छलीह महारानी धीरमती। ई धीरमती ओइनिवारवंशी नरेश नरसिंहदेवक धर्मपत्नी छलीह। एमहर हाल-सालक वर्षमे हिनका द्वारा रचित अनेक सुमधुर मैथिली गीत सब प्राप्त भेल अछि जकर लालित्य ओ ओहिमे प्रतिपादित युगीन चिन्तना बहुत किछु सोचबाक हेतु विवश कऽ दैत अछि। धीरमतीक गीतक जे स्तर

छनि से कतोक ठाम तँ विद्यापतिक समतुल्य तँ अवश्ये छनि, अपितु कतोक ठाम तँ ई हुनकासँ एकैसे प्रमाणित होइत छथि।

ओना वास्तवमे देखल जाय तँ मध्यकालमे आभिजात्य राजस परिवेशसँ इतरो सामान्य परिवारक महिला लोकनि गीत-रचनामे प्रवीणा होइत छलीह। निरक्षरा होइतो ई महिला लोकनि काव्य-रचनामे समर्थ होइत छलीह। हिनका लोकनिक द्वारा रचित गीत गितगाइनि लोकनिक कण्ठमे रसि-बसि एक पीढ़ीसँ दोसर पीढ़ी, एक गामसँ दोसर गाम कण्ठान्तरित होइत रहल। यद्यपि ओहि अनाम नारी लोकनि द्वारा अलिखित गीतकाव्यक ओहि विपुल-सम्पदाक बहुलांश कालक प्रवाहमे दहा-भसिया गेल। तथापि जहियासँ लोककण्ठक गीतकेँ लिपिबद्ध करबाक प्रचलन बढ़ल आ लोकगीतक बहुतो संग्रह सब प्रकाशित भेल अछि तँ तकरा सभक पर्यवेक्षणसँ ई देखबामे अबैत अछि जे बहुतो लोकगीतमे कोनो नारीक भनिता छनि। के छलीह ओ लोककवयित्री लोकनि? मुदा तकर उत्तर देनिहार आब केओ नहि अछि!

1857 इ.क बादसँ मिथिलामे पुनर्जागरणक जे लहरि उठब प्रारम्भ भेल तकर संवाहक सेहो यैह साहित्ये बनल। ओहू अवधिमे कतिपय महिला लोकनि लेखनी चलौलनि, मुदा से प्रकाशनक अभावमे गोरल पड़ल रहि गेल। 1905 इ. सँ जखन मैथिली पत्रकारिताक युगमे प्रवेश कयलक तदुपरि एहि भाषामे जे एकटा विशाल लेखक वर्ग उभरि कऽ सोझाँ आयल ताहिमे कतोक नारी लोकनिक नाम सेहो देखबामे अबैत अछि यथा, श्यामकुमारीदेवी, हेमवतीदेवी, अन्नपूर्णादेवी, शाम्भवीदेवी, लक्ष्मीवती लीला, सुभद्रादेवी, इन्द्रमायादेवी, योगमायादेवी, शशिलतादेवी, पञ्चवतीदेवी फूल, गंगाबाइ इत्यादि।

स्वतन्त्रता प्राप्तिक बाद 'वैदेही' नामक मासिक पत्रिका मैथिली साहित्यक हेतु एकटा पैघ मंच प्रमाणित भेल। एहू पत्रिकाक माध्यमसँ गैथिलीक कतिपय लेखिका उभरलीह जाहिमे सर्वोपरि भेलीह कल्पनाशरण प्रसिद्ध लिलि रे। आगू चलि कऽ लिलि रे मैथिलीक मुख्य धाराक प्रतिष्ठित साहित्यकारक रूपमे अपन स्थान बनौलनि।

जखन सितम्बर 1960 इ. सँ साप्ताहिक मिथिला-मिहिरक प्रकाशन प्रारम्भ भेल तँ एहि पत्रक माध्यमसँ महिला लेखिका लोकनिकेँ प्रोत्साहित करबाक निर्णय तँ लेबे कयल गेल अपितु मिहिरक प्रवेश महिला पाठक वर्गक बीच सेहो नीक जकाँ हो, एहि हेतु एहिमे 'स्त्रीगण समाज' नामक

एक गोट विशेष स्तम्भक आयोजन कयल गेल। एहि स्तम्भक सम्बन्धमे एकटा अलिखित नीतिक निर्धारण कयल गेल जे जँ सम्भव हो तँ एहि स्तम्भमे महिले लोकनिक रचना छापल जाइनि। मुदा वास्तविकता ई छल जे ओहि समयमे किछु गोटपघड़ा नाम छोड़ि मैथिलीमे महिला लेखिकाक नामपर शून्य सन स्थिति छल। तेहनामे कतोक प्रतिष्ठित पुरुषे लेखक लोकनि छद्‌म महिला नामक आश्रयण लऽ कऽ मिहिरक पेट भरब आरम्भ कयलनि। मुदा संगे इहो ध्यान राखल जाय लागल जे जतऽ कतहु कोनो महिला प्रतिभा अभरैत छथि तँ हुनकासँ प्रयत्नपूर्वक रचना लऽ कऽ ओकर प्रकाशन 'मिथिला-मिहिर'मे कयल जाय। एहि प्रयासक कारणे कतिपय महिला लेखिका लोकनिक रचना मिहिरमे छपऽ लगलनि। वर्त्तमान समयक निविष्ट महिला साहित्यकार शेफालिकावर्मा ओही प्रयासक परिणामस्वरूप मिथिला-मिहिरक माध्यमसँ मैथिली साहित्य जगतमे प्रवेश कयलनि। ओही कड़ीमे एकटा औरो जे विशिष्ट महिला लेखिकाक नाम ओहि समयक मिहिरमे देखबामे अबैत अछि से थिकीह– मालती उपाध्याय।

मालती उपाध्याय भने वर्त्तमान समयक मैथिली-लेखनमे एकटा अपरिचिता जकाँ लागथि, मुदा विगत शताब्दीक ओहि सातम-आठम दशकमे एकटा चर्चित महिला लेखिकाक रूपमे ई अपन परिचिति बना लेने छलीह मुदा...।

एहि 'मुदा'क उत्तर देबासँ पूर्व एहि लेखिकाक एकटा परिचय देब आवश्यक प्रतीत होइत अछि। लेखिकाक नैहर दरभंगा जिलान्तर्गत केओटी प्रखण्डक डुमरी ग्राम छनि। हिनक पिता छलथिन प. उमापति तिवारी। ई वैह उमापति तिवारी छलाह जे 1953-54क अभ्यन्तर दरभंगासँ प्रकाशित भेनिहार साप्ताहिक 'मिथिला-मिहिर'क कार्यकारी सम्पादक रहथि। हिनकहि सम्पादनक अवधिमे 1954 इ. मे 'मिथिला-मिहिर'मे 'खट्टरकका बनाम बुचकुन बाबा' वला प्रसिद्ध शास्त्रार्थ बजरल छल। ओहि शास्त्रार्थक एक पक्षमे जँ नवतावादी खट्टरकका अर्थात् व्यंग्यसम्राट प्रो. हरिमोहनझा ओ हुनक समर्थक लोकनि रहथि तँ दोसर परम्परावादी वर्गक नेतृत्वकर्त्ता जे बुचकुन बाबा छलाह से वस्तुतः प. उमापति तिवारी स्वयं रहथि। प. तिवारीकेँ मिथिला ओ मैथिलीक प्रति असीम श्रद्धा छलनि। मैथिलीमे लिखल हिनक अनेकशः रचना सब 'मिथिला-मिहिर' समेत कतिपय पत्र-पत्रिकामे छिड़िआयल पड़ल छनि।

अपन छात्र जीवनमे प. तिवारी स्वतन्त्रता-संग्राममे सेहो सक्रिय रूपसँ भाग लेने रहथि। हालेमे हिनक आत्मकथा किंवा डायरीक एकटा अंश 'तीरभुक्ति' (ओ सत्याग्रह आ हमर जेलयात्रा, उमापति तिवारी, जुलाइ-दिसम्बर 2022, पृ.- 35-38) मे प्रकाशित भेलनि अछि।

प. तिवारी आपादमस्तक साहित्यिक छलाह। अपना समयमे मैथिली भाषा ओ साहित्यक विभिन्न गतिविधिमे सक्रियताक संग हिनक सहभागिता रहल करैत छलनि। कविवर सीतारामझा, आचार्य सुमन, मधुप, किरण, अमर, प्रो. हरिमोहनझा प्रभृति विद्वान-साहित्यकार लोकनिक संग हिनक घनिष्ठता छलनि। स्वभावतः हिनक साहित्यिक परिवेश ओ साहित्यिक संस्कारक प्रभाव हिनक सन्तान लोकनिपर सेहो पड़लनि। हिनक कन्या मालतीमे बाल्यावस्थहिसँ साहित्यिक अभिरुचि बढ़ऽ लगलनि।

प. उमापति तिवारीक जाहि आत्मकथाक अंशक उपरमे उल्लेख भेल अछि तदनुसार ई स्वतन्त्रता संग्राममे सक्रिय रूपसँ भागे नहि लेने रहथि अपितु हुनक हार्दिक इच्छा छलनि जे कमसँ कम एकहु बेर ओ जेल यात्रा अवश्य करथि। 1930 इ.क अभ्यन्तर अंग्रेजी प्रशासन द्वारा हिनका विरुद्ध गिरफ्तारीक वारंट जारी कयल गेलनि आ हिनका पूर्ण सम्मानक संग अपन कारमे बैसा कऽ जे वरिष्ठ पुलिस अधिकारी हिनका जेल धरि पहुँचौलथिन से अपना-समयमे, मैथिल समाजमे पर्याप्त प्रतिष्ठित व्यक्तित्व ओ समाजसेवी, अंग्रेजी सरकारक नोकरी करितो स्वतन्त्रता संग्रामी लोकनिक प्रति पूर्व सहानुभूति रखनिहार प. मूरतिझा छलाह। प. मुरतिझा लहेरियासरायक पार्श्व अवस्थित प्रसिद्ध कबिलपुर ग्रामक निवासी छलाह। ओहि समयमे नवयुवक प. तिवारी ई सोचनहुँ नहि छल होयताह जे जाहि कबिलपुर ग्रामक पुलिस इंस्पेक्टर मूरतिझा हुनक जेलयात्राक अदम्य आकांक्षाक पूर्तिमे सहायक भऽ रहल छथिन से ग्राम कहियो हुनक समधियाना भऽ जयतनि।

प. तिवारी 1930 इ.मे भेल जेलयात्राक ठीक तीस वर्षक बाद जखन ओ प्रौढ़ ओ पूर्ण प्रतिष्ठित भऽ गेल रहथि, बिहार सरकारक सेवामे रहथि, लहेरियासरायमे आवास रहनि तँ अपन कनिष्ठा कन्या मालतीक हेतु सुयोग्य वरक अन्वेषण कऽ रहल छलाह। अन्वेषणक क्रममे जे मेधावी वर हिनक आँखिमे बसि गेलथिन, से छलथिन कबिलपुर ग्रामनिवासी, प्रतिष्ठित शिक्षक

ओ मध्य विद्यालय, कबिलपुरक संस्थापक प्रधानाध्यापक प. श्यामनारायण उपाध्यायक ज्येष्ठ सुपुत्र श्रीरामाश्रय उपाध्याय।

श्रीरामाश्रय उपाध्याय ओहि समयमे पटना विश्वविद्यालयसँ संस्कृतमे एम.ए. कऽ रहल छलाह। एतऽ कहबाक प्रयोजन नहि जे एही कबिलपुर ग्रामक निवासी छलाह मैथिलीक प्रसिद्ध प्राध्यापक, विद्वान ओ विश्रुत साहित्यकार डा. रामदेवझा। डा. झा ओ श्रीरामाश्रय उपाध्याय दुनू बालसंगी तँ छलाहे अपितु दरभंगामे एक संग स्नातक धरिक पढ़ाइ कयलाक बाद दुनू गोटा एकहि संग स्नातकोत्तर अध्ययन हेतु पटना विश्वविद्यालयमे नामांकन करौने रहथि। एक गोटे मैथिलीमे तँ दोसर गोटे संस्कृतमे। ई दुनू गोटे कबिलपुरक रंगमंचपर तँ नाटक खेलाइते छलाह अपितु अध्ययनक हेतु पटना प्रवासक क्रममे जखन डा. रामदेवझा व्यंग्यसम्राट प्रो. हरिमोहनझाक प्रसिद्ध कथा 'आदर्श कुटुम्ब'क नाट्य-रूपानतरण कऽ कऽ 1960 इ.मे विद्यापति पर्वक अवसरपर चेतना समितिक मंचपर ओकर सफल अभिनय प्रस्तुत कयलनि तँ ओहि अभिनयक एकटा पात्र हिनक अभिन्न मित्र श्रीरामाश्रय उपाध्याय सेहो छलथिन।

एही श्रीरामाश्रय उपाध्यायक संग 1960 इ. मे मालती तिवारीक विवाह सम्पन्न भेलनि। विवाहक बाद अपन पतिक उपनाम धारण कऽ कऽ ई तिवारी सँ मालती उपाध्याय भऽ गलीह। ओहि समयमे अपन पटना प्रवास (1959-1961)क क्रममे डा. रामदेवझा सितम्बर 1960 इ. सँ पटनासँ नवकलेवरक संग प्रकाशित भेनिहार 'मिथिला-मिहिर'क हेतु नियमित रूपसँ अपन रचना देबाक संग-संग विभिन्न स्रोतसँ सामग्रीक संचयन, ओकर भाषा-वर्त्तनीक संशोधनक संग परोक्ष रूपसँ सम्पादन-सहयोग प्रदान करैत छलथिन। 'मिथिला-मिहिर'क 'स्त्रीगण समाज' नामक स्तम्भ महिला विषयक सामग्रीक अभावमे बन्द नहि भऽ जाइक एतदर्थ डा. झा छद्मनामसँ पत्रात्मक शैलीमे 'अंगरेजीफूलक चिट्ठी' नामक एकटा उपन्यासक लेखन आरम्भ कयलनि। मालती उपाध्याय अपन पतिक एहि अभिन्न मित्र डा. रामदेवझाकेँ हँसीमे 'अंगरेजीफूल' सैह कहि कऽ सम्बोधित कयल करैत छलथिन। डा. रामदेवझाक प्रोत्साहन ओ हुनक 'अंगरेजीफूलक चिट्ठी'सँ प्रभावित भऽ कऽ मालती उपाध्याय सेहो ओही पत्रात्मक सरणिपर एकटा रचना कयलनि 'गुलाबक चिट्ठी : गंगा कातक कल्पवास' जे 12 नवम्बर 1961

कें 'मिथिला-मिहिर'मे प्रकाशित भेलनि। एकर बाद तँ ई 'मिथिला-मिहिर'क 'स्त्रीगण समाज' स्तम्भक नियमित लेखिका भऽ गेलीह।

मालती उपाध्याय विवाहक बाद जावत धरि अपन सासुर कबिलपुरमे रहलीह तावत धरि कॉलेजक शिक्षा ओ तदुपरि होमियोपैथीक पढ़ाइक संग-संग नियमित रूपसँ लेखन करैत रहलीह। मुदा जखन आई.बी. (इंटेलिजेंस ब्यूरो) अधिकारी अपन पतिक संग बाहर जा कऽ रहबाक विवशता भेलनि तकर बाद मैथिलीक संग-संग ई क्रमशः लेखनसँ सेहो दूर होइत चल गेलीह। लेखनसँ विमुखताक पहिल कारण छलनि हिनक पतिक पोस्टिंग मुख्यतः उत्तर-पूर्वक सीमान्त क्षेत्रमे होइत रहलनि जतऽ मैथिलीकें के कहय, हिन्दी भाषी सबसँ सेहो भेट दुर्लर्भे रहैत छलनि। दोसर कारण छलनि परिवारक क्रमशः बढ़ैत दायित्व। तीनटा सन्तानक पालन-पोषण ओ पढ़ाइ-लिखाइक दायित्वक निर्वहन। मुदा ओहि घुमन्तू जीवन कालहुमे जँ किछु वर्षक हेतु हिनक पतिक पोस्टिंग राँची सन शहरमे भेलनि तँ ओहि क्रममे पुनः ई पूर्ववत मिथिला-मैथिलीसँ जुड़बामे विलम्ब नहि कयलनि।

जखन हिनक पतिक पोस्टिंग दिल्लीमे भेलनि तकर बाद जा कऽ हिनक जीवनमे स्थायित्व आबि सकलनि, मुदा तावत धरि मैथिली-गंगाक बहुत पानि बहि चुकल छल। जीवनक एहि दौड़-बरहामे जे किछु संचित सारस्वत सम्पत्ति छलनि से सब बिरहाइत चल गेलनि। तथापि जखन कखनो उपाध्याय दम्पती गाम अबैत छलाह तँ डा. रामदेवझासँ निश्चित रूपसँ भेट-घाँट करितेटा छलाह आ सब बेर जकाँ हुनकासँ वैह तगादा ओ प्रोत्साहन भेटैत छलनि— फेरसँ लिखब आरम्भ करू आ जतेक पुरनका प्रकाशित रचना सब अछि तकरा पुस्तकाकार करा लियऽ, तखने लेखकक रूपमे मान्यता होयत।'

कुसंयोग एहन भेल जे मार्च 2021 इ. मे लेखिकाक उत्प्रेरक डा. रामदेवझा एहि संसारसँ विदा भऽ गेलथिन आ दोसर दिस हिनक पति श्रीरामाश्रय उपाध्याय सेहो मस्तिष्काघातक कारणे गम्भीर रूपसँ रुग्ण भऽ गेलथिन। मुदा मालती उपाध्यायक अन्तरक लेखक हिनका निरन्तर झकझोड़ैत रहलनि। अपन जीवनक एहि सान्ध्यबेलामे अपन रुग्ण पतिक सेवा करैत ई पुनः नहि केवल अपन लेखनीकें उठौलनि अपितु अपन पुरान रचना सबकें पुस्तकाकार करयबाक दिशामे सेहो उद्यत भेलीह। पुरान जे प्रकाशित रचना सब छलनि ताहिमेसँ किछुए भेटि सकलनि, किछु लिखल राखल छलनि आ

किछु नवीनो लेखन कयलनि— एहि सबकेँ मिला कऽ एकटा पुस्तक तैयार करबाक विचार भेलनि।

मूलतः गद्य लिखैत रहनिहारि डा. मालती उपाध्यायकेँ गद्यक विभिन्न विधामे लिखि सकबाक महारत प्राप्त रहलनि अछि तकर प्रमाण छनि हिनक ई प्रकाशनाधीन पुस्तक। विभिन्न प्रकृति, गन्ध ओ स्वादक अपन गद्यात्मक रचनाक फाइल जखन ई सम्पादन हेतु हमरा लग आनि कऽ राखि देलनि तँ एकरा सभक वर्गीकरणकेँ लऽ कऽ हम बेस असमंजसमे पड़ि गेलहुँ। तथापि प्रथम दृष्ट्या वाचन ओ संशोधन करबाक क्रममे एकर तर्कसंगत सम्पादनक दिशामे चिन्तन करैत एकरा जाहि प्रकारेँ खतिअयलहुँ तदनुसार छओ गोट रचना विशुद्ध कथाक श्रेणीमे परिगणित करबा योग्य छल। कथामे घटनाक जे कलात्मक उपस्थापन, वर्णनक लालित्य, कथोपकथन ओ अन्ततः जे एकटा चमत्कार होयबाक चाही जे पाठकक संवेदनाकेँ जगा दैत अछि, से सब तत्त्व हिनक कथा सबमे भरल-पुरल देखबामे अबैत अछि। कथा-विभागक अन्तर्गत राखल गेल रचनामे सँ चारिटा शीर्षक एहन अछि जे वर्त्तमान कालक जटिल सामाजिक जीवनक यथार्थकेँ सूक्ष्मताक संग उद्घाटित करैत अछि। शीर्ष कथा 'साँझक दीप'क प्रधान पात्र वंशीधरबाबू धनाढ्य किन्तु उदार परिवारक सन्तान होइतो ततबा धनलोलुप छथि जनिका दृष्टिमे अपन पत्नीक साहित्यिक-सांस्कृतिक संस्कार ओ ताहिसँ प्राप्त प्रतिष्ठाक कोनो मूल्य नहि छलनि। एहन वज्रसोँटा अर्थपिशाच चरित्र वस्तुतः कल्पना नहि अपितु वर्त्तमान कालक एकटा कटु सत्य थिक।

'नैहर छूटय जाय' कथाक चरित्र नायिका वृद्धा अम्मा कोना जीवन पर्यन्त अपन नैहरक मोहकेँ हृदयमे दबौने रहलीह, से पाठकक हृदयकेँ द्रवित करबाक पूर्ण सामर्थ्य रखैत अछि। 'लाल साड़ी'क चरित्र नायक मधुसूदनझाक ग्रामक प्रति विकलता जँ पाठककेँ उद्वेलित करैत अछि तँ आजुक मिथिलाक गाम-घरक ओ नवीन प्रवृत्ति जाहिमे कमौआ परदेशी पुत्र लोकनि अपनामे माता-पिताक बँटवारा करैत दुनूकेँ जेना एहि वार्द्धक्यावस्थामे एक दोसरासँ विलग कऽ दैत छथि, तकर बड़ मार्मिक चित्रण आलोच्य कथामे भेल अछि। 'पश्चात्तापक अश्रु'क परोक्ष चरित्र-नायिका सत्याक ऊपर सासु ओ पतिक अत्याचार तथा हुनक दुखद अन्त मनकेँ विह्वल बना दैत अछि। ओना हिनक उपर्युक्त चारू कथामे एकटा जे समानता देखबामे अबैत अछि

से ई जे सभक समापन एकटा अवश्यम्भावी मृत्युक संग होइत अछि। एहि दृष्टिएँ हिनक कथाकेँ करुण-कथाक कोटिमे राखल जयतनि। एहिसँ भिन्न एहि विभागमे जे दू गोट कथा औरो अछि ताहिमे एकटा कथा 'अष्टम सर्गसँ आगाँ...' कालिदासपर केन्द्रित अछि आ दोसर 'वैदेहीक स्वाभिमान'मे सीताक वनगमनवला प्रसंगकेँ चित्रित कयल गेल अछि। प्राचीन विषयाधारित एहि दुनू कथाक पात्र ओ परिवेशक अनुरूप लेखिका जाहि प्रकारेँ एहिमे संस्कृतनिष्ठ भाषाक नियोजन कयलनि अछि, से देखि प्रतीत होइत अछि जे हिनक लेखनी पौराणिक ओ आधुनिक दुनू कोटिक कथाकेँ प्रस्तुत कऽ सकबामे समर्थ छनि।

हिनक तीन गोट रचनाकेँ 'ललित निबन्ध'क खातामे राखल गेल अछि जे वस्तुतः अपन वर्णन विन्यास ओ शब्दक चमत्कारसँ पाठकक मनकेँ रमा दैत अछि।

चारि गोट रचना संस्मरणात्मक छनि। एहिमे 'रिमेम्वरिंग द पास्ट'मे लेखिका शिलौंग सन सुदूरवर्त्ती क्षेत्रमे अपन पतिक पोस्टिंगक क्रममे ओहि ठामसँ सम्बद्ध अनेक संस्मरणकेँ अत्यन्त सुरुचिपूर्ण ढंगसँ चित्रित कयलनि अछि। भारतक ओहि सीमावर्त्ती क्षेत्रमे रहैत एहि दम्पतीक कान कोना ककरो मूँहसँ मैथिली भाषा सुनबाक हेतु व्यग्र भेल रहैत छलनि तकर मार्मिक चित्रण भेल अछि। मेघालयक गारोहिल्समे रहबाक क्रममे उपाध्याय दम्पती कोना ओहि ठाम पोस्टेड एकटा मैथिल वेटनरी डॉक्टर जे अपन नवविवाहिता अशिक्षिता पत्नीक परित्याग कऽ देने रहथि, ओहि पति-पत्नीकेँ कोना नाटकीय ढंगसँ मिलान करौलनि अपितु अपन पत्नीकेँ पुनः स्वीकार करबाक हेतु ओहि डॉक्टरकेँ तैयार कयलनि, तकर मार्मिक चित्रण कयलनि अछि। रोचकता ओ उत्सुकतासँ भरल ई संस्मरण प्रो. हरिगोहनझाक कन्यादानक स्मरण करा दैत अछि जे कोना अशिक्षित होयबाक अपराधमे सी.सी. मिश्रा अपन नवपरिणीता पत्नी बुच्ची दाइक चतुर्थिये रातिमे परित्याग कऽ कऽ सासुरसँ पड़ा जाइत छथि।

एहिना 'हमर बालसखीक संघर्ष' शीर्षक संस्मरणमे समाजक तथाकथित निम्न वर्गमे आबि रहल जागरणक प्रेरणात्मक चित्र उरेहल गेल अछि। कोरोना कालक त्रासदीक ढोलहो तँ सर्वत्र पीटल गेल, मुदा एकर जे बहुतो सकारात्मक प्रभाव समाज ओ व्यवस्थापर पड़ल तकरा सभक सूक्ष्मताक संग

वर्णन करैत ओकरा लेखिका 'कोरोना : किछु कटु-मधु अनुभूति' शीर्षक संस्मरणमे प्रस्तुत कयलनि अछि। 'मातृत्वक ओ अनुभूति'मे जाहि प्रकारेँ लेखिका स्वरचित 'निनिया' वा 'मलारी' गीत प्रस्तुत कयलनि अछि, से देखि कहल जा सकैछ जे गद्य रचना जकाँ पद्य-रचनामे सेहो लेखिकाक नीक पकड़ छनि।

'मिथिला-मिहिर'क 'स्त्रीगण समाज'मे 'अंगरेजीफूलक चिट्ठी' सदृश रचनाक लोकप्रियताक पश्चात मैथिलीमे 'पत्रात्मक-रचना' स्वयंमे एकटा नवीन गद्यात्मक विधाक रूपमे साहित्यमे अपन स्थान बना लेलक। डा. मालती उपाध्यायक मैथिली-लेखनमे प्रवेशे पत्रात्मक-रचनाक संग भेल छलनि। अतः हिनक एहि कोटिक पाँच गोट रचना जे मिहिरमे प्रकाशित भेल छलनि तकरा ओहि 'पत्रात्मक-रचना नामक विधाक अन्तर्गत राखल गेल अछि। आकासफल, गुलाब किंवा फूल नामसँ अपनामे एक-दोसराकेँ सम्बोधित कयनिहार पत्रात्मक विधाक पाँच गोट रचनामे जँ एक-दिस कथात्मकता अछि तँ दोसर दिस मिथिलाक समाजमे व्याप्त कोनो-ने-कोनो कुरीति ओ कुप्रवृत्तिपर व्यंग्यात्मक प्रहार कयल गेल अछि। जाहि समयमे संचारक साधन सीमित अथवा नहि केर बराबर छल, सर्वत्र अशिक्षाक व्याप्ति छल ताहि समयमे बेटी सासुर जयबाकालमे बपहारि काटि कऽ कनैत छलि। मुदा जखन संचारक साधन सब विकसित होअऽ लागल, समाजमे नव जागरुकता आयल, ताहू कालमे परम्पराक निर्वाह जकाँ सासुर जयबाकालमे बेटीक कनबाक प्रथापर व्यंग्यात्मक चोट 'आकासफलक चिट्ठी : कनबाक कुप्रथा'मे कयल गेल अछि। 'गुलाबक चिट्ठी : गंगाकातक कल्पवास'मे मिथिलाक एहि धार्मिक परम्पराक वर्णन करैत लेखिका कल्पवासिनी मैथिलानी लोकनिक ओहि कुप्रवृत्तिपर प्रहार कयलनि अछि जाहिमे गंगा कातमे आबियो कऽ ई लोकनि परनिन्दा ओ अनकर अदखोइ-बदखोइ करबाक स्वभावसँ मुक्त नहि भऽ पबैत छथि। एहिना आनो-आन चिट्ठी सबमे कोनो ने कोनो सामाजिक ओ पारिवारिक दिशाहीनता मूलक प्रसंगकेँ रोचक ढंगसँ प्रस्तुत कयल गेल अछि।

'निबन्ध' विधाक अन्तर्गत कुल आठ गोट शीर्षककेँ राखल गेल अछि। हिनक एहि आठो निबन्धक केन्द्रमे मिथिला एवं मिथिलाक नारी छनि। एहि वर्गक रचनामे लेखिकाक स्वरूप एकटा सामाजिक चिन्तकक रूपमे उभरलनि अछि। मिथिला ओ मिथिलाक समाजमे व्याप्त कतोक व्याधि, सांस्कृतिक

क्षरण, नारीक मर्यादा, पारिवारिक वैमनस्य आदि सन कतोक बिन्दुपर स्वयंकेँ केन्द्रित करैत लेखिका कतहु तत्स्थितिक वर्णनकर्त्री तँ कतहु पथप्रदर्शिकाक भूमिकामे देखल जाइत छथि। वर्त्तमानक नवीन समाज व्यवस्थामे भने हिनक एहि निबन्ध सबकेँ गम्भीरतासँ नहि लेल जाइनि, मुदा विगत शताब्दीक सातम-आठम दशकक सन्दर्भमे हिनक निबन्ध सबकेँ देखला उत्तर प्रतीत होयत जे ओहि समयमे कोनो सुचिन्त लेखिकाक समाजक प्रति केहेन दृष्टिकोण रहैत छलनि। समाजक चिन्ता केवल पुरुष वर्गहिक दायित्व नहि छलनि अपितु डा. मालती उपाध्याय सदृश लेखिका सेहो छलीह जे पारम्परिक कथा-कविता प्रभृति लेखनसँ भिन्नो विषयपर लिखबामे पूर्ण सक्षम छलीह।

समग्रतामे आलोच्य पोथीमे संकलित वस्तुक मूल्यांकन कयला उत्तर एहि निष्कर्षपर पहुँचब सम्भव होइत अछि जे एहिमे लेखिकाक लेखनक माध्यमसँ साहित्यकेँ ओकर पूर्ण अर्थ प्रदान कऽ सकबामे पूर्ण रूपसँ सफल भेलीह अछि। ई साहित्यक रचना छुच्छे स्वान्तःसुखाय अथवा केवल पाठकक मनोरंजन हेतु नहि कयने छथि। हिनक सबटा रचना सोद्देश्य छनि जाहिमे मनोरंजनक संग-संग वैचारिकताक उपर्युपरि समागम छनि आ ई वैचारिकता पाठककेँ मानसिक एवं कार्यान्वयन स्तरपर रचनात्मक परिवर्त्तनक हेतु प्रेरित करैत अछि।

विभिन्न गद्यात्मक विधाक एहि संग्रहक नामकरण लेखिकाक इच्छानुसार 'साँझक दीप' कयल गेल अछि। एहि नामकरणक पाछाँ लेखिकाक भाव अपन जीवनक सान्ध्यबेलासँ छनि। अवश्ये एहिमे एकटा निराशाक भाव प्रतिध्वनित होइत अछि। मुदा हमरा जनैत एहि शीर्षकमे निराशा नहि अपितु एकटा नवीन आशाक दिशा-निर्देश प्रतीत होइत अछि। लेखककेँ तँ ब्रह्माक सहोदर कहल गेलनि अछि। ब्रह्मा जकाँ लेखक सेहो अपन लेखनीसँ नित्य नवीन सृष्टि करैत छथि। साहित्यकेँ साधनाक गरिमा प्रदान कयनिहार साहित्यकार तनसँ भने वृद्ध भऽ जाइत होथि, मुदा मनसँ सदैव नवीने रहैत छथि। हुनक नवोन्मेषशालिनी प्रतिभा नित्य किछु नव रचि सकबामे समर्थ रहैत छनि। हुनक लेखनी 'तिले-तिले नूतन होए'क उक्तिकेँ चरितार्थ करैत रहैत छनि तथापि जीवनरससँ भरल साहित्य-साधककेँ अपनहिँ कृतिसँ पूर्ण तुष्टि नहि भेटि पबैत छनि, जकरा विद्यापतिक शब्दमे कहल जाय तँ– नयन न तिरपित भेल ! आ एही पूर्ण ओ सर्वश्रेष्ठ रचना कऽ सकबाक अपन

आकांक्षाकेँ साकार करबाक हेतु रचनाकार निरन्तर सर्जनशील रहैत छथि। अतः हिनक 'साँझक दीप' शीर्षकक रचनात्मक व्याख्या यैह भऽ सकैत अछि जे दिनक इजोतमे कोलाहलक कारणे लेखिका चिन्तनक जाहि उत्कर्षकेँ छूबासँ वंचित रहि गेलीह, ताहि उत्कर्षकेँ ओ एकान्त-शान्त; नीरवरात्रिमे अवश्य प्राप्त कऽ सकतीह, एतदर्थ आशाक तेलसँ भरल अछि ई 'साँझक दीप' ! आशा कयल जयबाक चाही जे लेखिका साँझक दीपक एहि इजोतमे अपन साहित्य-साधनाकेँ नव-नव आयाम प्रदान कऽ सकबामे पूर्ण समर्थ होयतीह।

अन्तमे एतबे कहब जे एहि पुस्तकक लेखिका डा. मालती उपाध्याय केवल हमर ग्रामीणे नहि अपितु हमर मातृवत् रहलीह अछि। ई सब दिन हमरा सन्तान जकाँ स्नेह दैत रहलीह अछि। अधिकारपूर्वक जेना ई हमरा अपन रचनाक संकलन, वाचन, संशोधन, सम्पादन ओ प्रकाशनक दायित्व देलनि तकरा हम अपना हेतु गौरवक विषय बुझैत छी। एतबे नहि ई हमरा तद्योग्य बुझलनि सेहो हमरा हेतु कोनो कम पैघ विषय नहि अछि। हमरा प्रसन्नता एहू लऽ कऽ अछि जे मैथिली भाषा ओ साहित्यक विकासमे हमर पैतृक ग्राम कबिलपुरक जे अवदान रहल अछि ताहिमे एकटा औरो कड़ी आदरणीया लेखिका डा. मालती उपाध्याय ओ हुनक ई कृति 'साँझक दीप'क माध्यमसँ जुड़ि रहल अछि। आशा कयल जयबाक चाही जे मैथिल समाज हिनक एहि कृतिक हृदयसँ स्वागत करत। शुभास्ते सन्तु पन्थानः।।

**डा. शंकरदेव झा**

कबिलपुर, लहेरियासराय

दरभंगा- 846001

श्रावणी पूर्णिमा (रक्षाबन्धन)

31 अगस्त 2023

# किछु हमहूँ कहब

परिपालन, प्रोत्साहन आ सुविधाक संग अपन अस्तित्वक सार्थकताकेँ सिद्ध करबाक जिजीविषा कोना सुषुप्तावस्थापर विजय पाबि सकैत अछि तकर साक्षात प्रमाण थिकीह स्वयं डा. मालती उपाध्याय आ हिनक जाग्रत लेखनी। दीर्घ कालसँ लिखैत आबि रहल डा. मालती उपाध्यायक मोनमे सतत उमड़ैत-घुमड़ैत विचार, प्रश्न आ संस्मरणकेँ प्रस्तुत पोथीक माध्यमसँ पाठकक समक्ष आनल गेल अछि।

खेतक आड़िपर बैसि कऽ साहित्य आ संस्कृतिक परिचर्चासँ उपजल व्यक्तित्वक विकास करैत रहब, आत्म प्रेरणाक बाँहि थामि निरन्तर स्वाध्याय करैत रहबाक अतिरिक्त स्वनामधन्य आचार्य डा. रामदेवझाक प्रोत्साहनसँ लेखन प्रारम्भ करब कोनो ओतेक पैघ घटना भने नहि कहाबय, तथापि चालिस बरखक गृहस्थीक दायित्वक निर्वहनक संगहि कलम चलबैत रहबाक हिनक साहस सर्वथा स्तुत्य बुझाइत अछि।

सामान्य मैथिलानी, जनिका घरसँ बाहरक संसार कनेक कमे देखाओल जाइत रहलनि अछि, सेहो अविरल अनुभूतिसँ आप्लावित होइत रहैत छथि। गामसँ बहराइते हुनक अभिव्यक्तिक बान्ह टूटऽ लगैत छनि। ओना तँ महिलागणकेँ सखी-बहिनपासँ गप्पक शृंखला तँ अनन्त होइत छनि, आ ओकर कोनो साहित्यिक मोल सेहो नहि होइत छैक। तथापि ओहि आख्यानक सुविचारल आ सुव्यवस्थित रेखांकन सेहो रोचक ओ प्रेरक साहित्यक रूप ग्रहण कऽ सकैत अछि। प्रायः देश, भाषा आ अपन परिवेशसँ विलग भेलाक बाद ओकर मोल बेसी बुझना जाइत अछि आ यैह ओ माध्यम थिक जकरा प्रतापेँ केन्द्रसँ बिछड़ल लोक पुनः अपन केन्द्रक दिस स्वतः आकर्षित होइत रहैत अछि। प्रस्तुत पोथी लेखिकाक अपन केन्द्रसँ पुनः जुड़बाक छटपटाहटिसँ उपजल प्रयासहिक परिणाम थिक।

अधिसंख्य लोक वैह दृश्य देखैत अछि, वैह अनुभूति पबैत अछि जे सामान्यतः सामने अबैत छैक, वैह देखल-बूझल विषय आत्मीयता आ अंतरंगताक संग सृष्टिक सहज निर्माण करैत छैक आ ओकरासँ तादात्म्य बैसयबामे सहयोगियो होइत छैक। दुनियाकेँ देखबामे दृष्टिसँ बेसी ओकरा प्रति सामंजस्यक प्रयोजन बेसी होइत छैक। मोनक अदृश्य दृष्टि जखन आत्मीय भऽ जाइत छैक तखन ओकर भाव अपन पसार सहआत्मिक सबसँ करबाक लेल व्याकुल भऽ उठैत छैक। आगिसँ मशाल बनबाक प्रक्रिया आइ अपन आत्मीयताक संग समूहक संग जुड़बाक इच्छा प्रस्तुत पोथीक अभिष्ट अछि।

ई पोथी इहो सुस्थापित करैत अछि जे पढ़बा-लिखबासँ बेसी अपन अनुभूतिकेँ गुनब बेसी आवश्यक होइत अछि आ अपन अनुभूतिसँ अभिमन्त्रित भऽ आत्मीय जनक समक्ष सचार लगा कऽ परसब औरो बेसी आवश्यक होइत अछि। सचार लगयबामे पथ प्रदर्शक बनि डा. शंकरदेवझा ठाढ़ भेलथिन। अल्पज्ञात मैथिली उपासिकाक सब प्रकारेँ मदति कऽ कऽ हुनक भुतलायल आलेख सब जे मिथिला-मिहिरमे प्रकाशित भेल छलनि, तकर किछु अंक उपरा कऽ लेखिकाक अन्तसक हनुमानक सामर्थ्यकेँ स्मरित करा कऽ, शुष्क भेल कलममे मोसि भरबाक आ किछु पाकल-अधपाकल आलेखक सम्पादन करबाक हेतु जेना ई तैयार भेलाह से ककरो हेतु अनुकरणीय भऽ सकैत अछि।

**कामेश्वर कुमार ओझा 'मोहन'**
संवाद, लालबाग, दरभंगा

# प्राक्कथन

सहज संवेदना कोनो मनुष्यक अस्तित्वक हेतु ईश्वर प्रदत्त वरदान होइत अछि। कोनहुँ प्रत्यक्ष वा अप्रत्यक्ष अनुभूति कोनो ने कोनो प्रकारेँ संवेदनशील प्राणीक मानस पटलपर अंकित भइये जाइत छैक। परिस्थिति एवं परिवेशक अधीन भऽ कऽ मनुष्य कतेक असमर्थ भऽ जाइत अछि जे मोनक कुलबुलाइत भावनाकेँ अपन अन्तरमे ओकरा संवरण कऽ कऽ राखऽ पड़ैत छैक ! शनैः-शनैः ओ अन्तर्मनक भावना सुषुप्त भऽ विलुप्तप्राय भऽ जाइत छैक ''तोहे जनमि पुनि तोहे समाओब, सागर लहरि समाना''।

हमर पिता स्मृतिशेष उमापति तिवारी छोट सन जमिन्दार गृहस्थ छलाह संगहि दरिभंगा राज्यक नोकरिहारा रहैत जीवनयापन करैत छलाह। माता सरल स्वभावक गृहणी छलीह। पिताजीक किशोरावस्था भारतीय स्वतन्त्रता संग्रामक प्रति पूर्णरूपेण समर्पित रहलनि। तत्पश्चात् दरिभंगा राज्यक प्रतिष्ठित पदपर आसीन भऽ दायित्व सम्हारैत रहलाह। पिता विद्वानक संग-संग सर्वतोमुखी प्रतिभाक धनी छलाह। अनेको भाषापर हुनक आधिपत्य छलनि। हिन्दी, अंग्रेजी, संस्कृत, फारसी, मैथिलीक संग-संग बंगला साहित्यहुक अध्ययन तेहन छलनि जे कदाचिते बंगला साहित्यक कोनो प्रसिद्ध लेखकक रचना हुनका नजरिसँ बाँचल होयतनि। दरिभंगा-राजमे रहैत काल विद्वत समाजक अनेको मित्रगण छलथिन जनिका लोकनिक संग साहित्यिक चरचामे हुनका पूर्ण अभिरुचि छलनि। पिताजीक मित्र लोकनिमे एखनहुँ किछु गोटा स्मरण छथि, यथा– आचार्य सुमनजी, कविवर अमरजी, राजपण्डित बलदेवमिश्र, प्रो. तन्त्रनाथझा, वैद्यनाथझा, त्रिलोकनाथझा, जागेश्वरझा आदि। हिनका सभक संग सभा-गोष्ठी होइते रहैत छलनि। प्रो. हरिमोहनझा मिथिलाक रूढ़िगत परम्परा, परदा प्रथा, स्त्रिगणक पछुआयल स्थिति आदि सबपर दृष्टिपात करैत अपन लेखन कयलनि। मिथिलाक जागरणमे हुनक बड़ पैघ योगदान

छनि। हुनक लिखल ''खट्टर ककाक तरंग'' पत्रिका सबमे धारावाहिक रूपमे बहराइत छलनि। ओहिमे पुरनका पीढ़ीक बुजुर्गक रूढ़िगत ढकोसलापर कटाक्ष रहल करैत छलनि। हमर पिताजी ''बुचकुन बाबाक'' छद्म नामे ओकर सटीक प्रत्युत्तर खट्टर ककाकेँ दैत छलथिन, से मिथिला समाजक विद्वतजनमे चर्चाक विषय बनल रहैत छलैक आ जाहि उत्तरकेँ पढ़बाक लय सब गोटा व्यग्र रहल करैत छलाह। पिताजीक व्यक्तित्वक एक विशेषता छलनि जे चाहे दरिभंगा-राजक अमला समाज सब होथि वा राज्यक प्रकाण्ड पण्डित वा गाम-घरक सर्वसाधारण लोक ककरो हुनका सान्निध्यमे बोरियतक अनुभव नहि होइत छलनि। धियापुताक आग्रह जे– 'अहूँ किएक नहि स्वतन्त्रता सेनानीक पेन्सन लैत छी?' एहिपर हँसि कऽ ओ कहैत छलथिन– पूर्वजक अरजल जे सम्पत्ति अछि, ओहिसँ बहुतो लोक हमरा जकाँ सुखी नहि अछि, तेँ बिना लेनहुँ काज चलिए रहल अछि। हमरा द्वारा सरकारसँ लाभ लेब लोभ कहाओत।'

हुनक पठन-पाठन आ लेखन अधिकतर स्वान्तः सुखाय रहलनि। हमर सब भाइ-बहिनमे साहित्यिक अभिरुचि जगयबाक लेल पर्याप्त साहित्यिक पुस्तक उपलब्ध करायब, संस्कृतक श्लोक सब कण्ठस्थ करा सस्वर पाठ करायब, लोकगीतक मर्म समाजक लेल कतेक महत्त्वपूर्ण छैक से सबटा ज्ञान हुनकहि प्रदान कयल अछि। स्वाध्यायक प्रति अभिरुचि जगायब, हमर समस्त जीवनक धरोहर रूपमे हमरा हेतु अछि। हमर जेठ बहिन जँ रेडियो दरिभंगासँ सुस्पष्ट रूपसँ संस्कृत श्लोकक सस्वर पाठ करैत छलीह तँ से सब हुनकहि देन छलनि। एतेक प्रतिभावान पुरुष रहितो हुनक लिखल किछु विशेष सामग्री उपलब्ध नहि भऽ सकल। पिताक मरणोपरान्त बेटी लोकनिक उपस्थिति तँ अवश्य भेलनि किन्तु पुत्रवादी समाजक परम्परामे हुनक किताब-कौपीसँ भरल आलमीरापर दृष्टिपात करब अनुचित छल, माँकेँ सेहो ओहि अलभ्य सामग्रीक लेल मोह जागि उठल छलैक। ओहिपर बेटाक अधिकारे उचित छल। दुर्भाग्यसँ तेना भेलैक जे हमर पिताजीक अवसानक किछु दिन बाद भाइ सेहो विदा भऽ गेलाह जे, महत्त्व बुझऽवला छलाह ओहि कागत-पत्रक। आब तँ ''ने ओ देवी ने ओ कराह'' ''कारवां गुजर गया गुवार देखते रहे।''

अपना विवाहमे हमर पति श्रीरामाश्रय उपाध्याय दहेजक रूपमे कोनो प्रकारक याचना अस्वीकार कऽ देलथिन। अर्थात् विवाह आदर्शे भेलैक। एहि हेतु हमर पिताजी हमरा पतिकेँ आधुनिक अयाचीमिश्रक संज्ञा देलथिन। हमर पतिदेव श्रीरामाश्रय उपाध्याय छथि, से कबिलपुर गामक निवासी भावना प्रधान नहि रहि, अपना जीवनमे सदैव कर्त्तव्यकेँ प्रधानता देलनि। कर्मठ रहि कर्मपर भरोस रखलनि आ सहज सरल जीवनयापनसँ हमरा जीवन केँ प्रेरित करैत रहलाह। हमर पतिदेवकेँ ओना तँ कयटा मित्र लोकनि छलथिन किन्तु ताहिमे कबिलपुर ग्रामवासी बालसखा गंगाप्रसादझा एवं प्रो. डा. रामदेवझा अभिन्न मित्र छलथिन। स्व. गंगाप्रसादझा स्कूल एवं ग्रैजुएशनक उपरान्त भागलपुर चल गेलथिन, किन्तु उच्च शिक्षा प्राप्तिक क्रममे डा. रामदेवझाजीसँ पटनामे सेहो सान्निध्य रहलनि। हिनक एहि दुनू अभिन्न मित्रवरसँ हमहूँ नीक जकाँ अगवत छलहुँ।

विवाहोपरान्त हमर पतिदेवक नियुक्ति केन्द्र सरकारक इंटेलीजेन्स ब्यूरोक पदपर भेलनि। नोकरीमे ट्रेनिंगक बाद बोर्डर एरियामे पोस्टिंग रहलनि तेँ ओहि अभ्यन्तर ओ परिवार अपना संग नहि राखि सकैत छलाह। तेँ हम विवाहक बाद किछु वर्ष धरि सासुरेमे रहलहुँ।

ओहि समयमे पटनासँ प्रतिष्ठित पत्रिका 'मिथिला-मिहिर' बहराइत छलैक। ओहिमे प्रो. रामदेवझाजीक ''अंगरेजीफूलक चिट्ठी'' नामे एकटा औपन्यासिक पत्रात्मक स्तम्भ बहराइत छलनि।

पिताक सानिध्यक सौभाग्य पौने हमरो किछु अभिरुचि छल लेखनक दिशामे। ओहि कालक सामाजिक स्थितिक आधार लऽ कऽ हमहूँ लिखब आरम्भ कयलहुँ। मिथिला-मिहिर मिथिलाक विकासक दृष्टिकोणसँ बड़ महत्त्वपूर्ण छल। नवलेखनकेँ सेहो मिथिला-मिहिर पर्याप्त प्रश्रय दऽ रहल छल। हमरो आलेख सब छपऽ लागल। उत्साहित भऽ अनेको विषयपर लिखैत रहलहुँ। पत्रक रूपमे प्रकट कयल गेल हमर भावनाक उद्देश्य रहैत छल, मिथिलाक जनमानसकेँ प्रेरणा देब। ओहि कालक हमर लिखल चिट्ठी 'गुलाबक चिट्ठी' 'फूलक चिट्ठी' आदि सब पत्रमे ओहि समयक अनेकानेक समस्याकेँ हम दरसौने छलियैक आ लिखबाक मुख्य आधारो हमर वैह छल। हमर ओहि लेखनसँ पिताजीकेँ बड़ प्रसन्नता होइत छलनि। पत्रक माध्यमसँ

आ स्वयं भेट कऽ कऽ ओ सदैव हमरा उत्प्रेरित करैत रहैत छलाह। हमर श्वसुर समस्त गामक आदर्श गुरुक प्रतिमान सदृश छलथिन। समस्त गामक तीन पीढ़ीकेँ ओ पढ़ौने छलथिन से गाममे ओ परम आदरणीय छलाह। बेटीकेँ पढ़बाक लेल ओ बड़ प्रोत्साहित करैत छलथिन। ट्रैडिसनल ससुर, पुतोहु परदा करथि ताहिसँ प्रसन्न रहऽवला ससुर होइतो पढ़बा-लिखबामे अत्यधिक उत्साहित करैत रहैत छलाह। स्वाभिमानी व्यक्तित्वक धनी ओ गामक पार्टी-पौलिटिक्ससँ सर्वथा तटस्थ रहैत ओ कर्मयोगी छलाह। स्वार्थ, लोभसँ सर्वथा दूर, महादेवक उपासक रहैत, गामक लोकसँ मधुर व्यवहार छलनि। अपन बाल-बच्चाक संग गामक लगपासक संस्कारी विद्यार्थी सबसँ बड़ बेसी आवेश रहैत छलनि। गुरुक सम्पूर्ण धर्मसँ युक्त व्यक्ति छलाह। हमरा ओ बड़ मान दैत छलाह।

किछु समयक उपरान्त पतिक नोकरीमे स्थायित्व भेने, हुनका संग रहबाक सुयोगक कारणे मिथिलासँ दूर भऽ गेलहुँ। पतिदेवक स्थानान्तरण देशक अनेको प्रान्तमे होयबाक कारणे हुनक संग रहि परिवार ओ गृहस्थीक दायित्वकेँ प्राथमिकता देबाक कारणे मोनक संवेदनशीलता ओ सर्जनशीलता जेना कतहु पाछू छूटि गेल। ओ जे भावना रहैत छल से कोना सुषुप्त भऽ गेल से नहि जानि। कालान्तरमे मिथिलाक अभाग्य जे एहन जे सर्वतोमुखी प्रतिष्ठित पत्रिका मिथिला-मिहिर छल सेहो बन्द भऽ गेल।

छुट्टीमे जखन गाम अबैत छलहुँ तँ पतिदेव अपन मित्र प्रो. डा. रामदेवझासँ भेट करऽ जाइत छलाह तँ हमहूँ हुनका संगे जाइत छलहुँ। मिथिलाक सामाजिकता, अपन नव प्रकाशित पोथी, पछुआयल समाजक विद्यार्थी सब जकरा सबकेँ हमहूँ जनैत छलियैक, तकरा सबकेँ सहयोग कऽ कऽ आगाँ बढ़ायब, यैह सब अनेको चर्च दुनू गोटामे भेल करैत छलनि। प्रायः अपन सब प्रकाशित पोथी ओ गिफ्टमे दैते छलाह आ संगहि हमरा साधिकार प्रेरित करैत कहैत छलाह– अहाँ लिखनाइ किएक छोड़ि देलियैक।' वस्तुतः एहेन निःस्वार्थ मित्र भेटब बड़ दुर्लभ सौभाग्य होइत छैक, से सौभाग्य हिनका लोकनिक मित्रताकेँ ईश्वर प्रदान कयने छलथिन। तुलसीदास तँ लिखनहुँ छथि मित्रताक विषयमे–

कुपथ निवाड़ि सुपंथ चलाबा।
गुण प्रगटहिँ अवगुणादि दुरावा।।

से अलभ्य मित्रताक प्राप्ति हिनका लोकनिकेँ छलनि। प्रोफेसर रामदेवझा हमर दिल्ली डेरापर साहित्य अकादेमी पुरस्कारक अभ्यन्तर दू दिनक लेल आयल छलाह। हमरा सबकेँ हुनकासँ खूब गप्प भेल। हम कहलियनि– हम तँ अहाँकेँ अंगरेजीफूले कहब !' ओ पुनः बड़ दबाव देलनि जे– किछु नवो लिखू आ पुरनका मिथिला-मिहिरक आलेख सबकेँ जँ मिला देबैक तँ एकटा पोथी बनि जायत ।' ओ कहलनि जे– हम ककरा नहि आगाँ बढ़ऽमे सहयोग कयलियैक आ एकटा अहाँ छी जे लिखनाइ छोड़िये देलहुँ ।' हम कहलियनि– एतेक दिनक प्रवासक पश्चात् आब तँ हमरा लग कोनो मिहिरक प्रतियो नहि बाँचल अछि।' ओ एहिपर कहलनि– हमर पुत्र श्रीशंकरदेवझा ओहि लाइनमे छथि ओ प्रयास करताह मिहिरक सब प्रति उपरयबामे। ओना बहुत समय गुजरि गेलैक तेँ कतेक उपलब्ध भऽ सकत से कहब कठिन अछि।'

हमर पतिदेवक रिसर्च ओरिऐन्टेड एकटा किताब अंग्रेजीमे "इंडियन मुस्लिम्स इन ए व्हीरलपूल" (Indian Muslims inA whirl pool) नामे छपल छलनि। गाम गेलहुँ तँ ई पोथी लऽ कऽ हमर पति प्रोफेसर साहेबकेँ गिफ्ट करऽ गेलथिन। तखन हमहूँ संगे गेलियनि। ओ दुनू प्राणी बड़ प्रसन्न भेलाह। ओहि बेर हमरासँ बेसी हमरा पतिदेवकेँ कहलथिन– हम अहाँकेँ उलहन दैत छी । अहाँ अपने तँ पोथी लीखि लेलहुँ, किन्तु हिनकर प्रतिभाकेँ उजागर नहि कऽ सकलियनि, जे हिनको नामे एकटा पोथी भऽ जाइनि।' ओ हमरा कहलनि– अहाँ और किछु लिखितहुँ तँ हम सब किछु उपरा, पोथीक प्रकाशनक व्यवस्था कऽ दितहुँ।' स्वास्थ्य किछु अनुकूल नहि देखलियनि। हुनक सुपुत्र डा. शंकरदेवझा अपन अथक प्रयाससँ पुरान मिथिला-मिहिरमे छपल हमर किछु हेरायल-भुतिआयल आलेखकेँ ताकि हमरा उपलब्ध करौलनि।

ओहि बेर दिल्ली आबि मोन बनौलहुँ। एहन शुभेच्छुक प्रेरणा पाबियो कऽ जँ नहि लीखि सकलहुँ तँ बड़ ग्लानिक विषय।

कथा-कहानीक बिना कोनहुँ मनुष्यक जीवनक अस्तित्व भइये नहि सकैत छैक। समस्त जीवन तँ कथे-कहानीसँ घेरल देखैत रहलहुँ, किन्तु होइत छैक ई जे ककरो मोनक कथा बहुतो लोक सुनैत छैक, जनैत छैक आ बहुतो कथा अनकहिनीये रहि जाइत छैक।

संयोग एहन भेलैक जे हमर पतिदेव ब्रेन स्ट्रोकक चपेटमे आबि हॉस्पीटलाइज भऽ गेलाह। अस्पतालेमे छलहुँ तँ बेटीकेँ पता चललनि, ओ कहलनि जे– रामदेव कका गुजरि गेलाह से पिताजीकेँ भान नहि होअऽ देबनि।' मोन सुन्न जकाँ भऽ गेल। एहिबेर तँ हम लिखबाक आश्वासन दऽ कऽ आयल छलियनि, तेँ एकटा अपराध बोधसँ ग्रस्त भऽ गेलहुँ। बेटी जे दिल्लीमे एखन आयकर विभागमे चीफ कमिश्नर छथि से एक दिनक लेल गाम गेल छलीह, हमरा एकटा विवाह समारोहक निमन्त्रण छल ताहि क्रममे। ओहि क्रममे प्रोफेसर साहेबक अस्वस्थताक समाचार सुनि दुनू माय-धी भेट करऽ गेलियनि। बेटी अपन एकटा कविता जे गामक सम्बन्धे छलैक से सुनौलकनि। ओ किछु मैथिली शब्दक शुद्धि कऽ कऽ ओकरा हेतु उपयुक्त शब्दक परामर्श दैत ओकरो कहलथिन जे– मासँ सेहो किछु-किछु लिखबबैत रहिऔन।'

हमर पतिदेवक अधलाह स्वास्थ्य, एक तँ लाइलाज पारकिंसन (नर्भक बिमारी) दोसर ई स्ट्रोक, से आरो बेसी असक भऽ कऽ ओछान धऽ लेलनि। हमरा लेल हुनक सेवा सर्वोच्च अछि। एही मध्य हमर जेठ बहिनिक सुपुत्र, जे हमर सब भाइ-बहिनमे सेहो जेठ सन्तानक समान रहलाह आ स्त्रीगणमे माँ केर ममत्वक प्रस्फुटन जे होइत छैक ताहि अनुभूतिक उद्‌गम सर्वप्रथम हुनकेसँ भेल छल। ओहो अपन व्यवहार पुत्रवत् राखि, अपना माँसँ कनेको कम महत्त्व हमरा नहि दैत छथि। हमर ई बहिनौत परिवारक 'मोहनजी' छथि किन्तु कामेश्वरकुमार ओझाक नामेँ जानल जाइत छथि। दरिभंगामे सभा-सोसाइटीमे पर्याप्त सम्मानित व्यक्ति छथि। हिन्दी भाषा ओ शब्दपर वर्चस्व छनि। अनेको कविताक रचना हिन्दीमे बड़ भावपूर्ण रूपेँ कयने छथि आ करैत रहैत छथि। ई हमर बहिनौत उत्कट रूपेँ हमरापर दबाव दऽ कऽ हमरा प्रोत्साहित कयलनि जे– मौसाजीक सेवामे रत रहितो, जखन समय भेटय अपन देखल-सुनल भावकेँ उरेहबाक प्रयास करैत रहू।' अपन बाल-बच्चा तँ उत्साहित करिते छल अपितु मोहनजी तँ आब कखनो पोचकारि कऽ तँ कखनो मधुर दबार दैत हमरा पाछाँ पड़ि गेलाह। तखन मोनमे संकलित, एकत्रित भावनाकेँ जेना-तेना अभिव्यक्त करबाक लेल अग्रसर भेलहुँ।

डा. श्रीशंकरदेवझा इतिहास ओ मैथिलीक विद्वान छथि, कतोक पोथी सेहो लिखने छथि। गाममे हुनक पर्याप्त प्रतिष्ठा छनि। हम हुनकासँ आग्रह कयलियनि जे ओ एहि पोथीक एडीटिंग करबाक भार लेथि तँ ओ सहर्ष तैयार भऽ गेलाह। पुत्रवत छथि तेँ आभार नहि आशीर्वाद दैतछियनि। ई परम महत्त्वपूर्ण काजक भार हुनकापर पड़लनि।

जीवनक एहि सान्ध्यमे बुझबामे नहि आयल जे बालु जकाँ कखन मुट्ठीसँ समय निकलि गेल ! जानि नहि हमर हृदयक संवेदित उच्छ्वास पाठक लोकनि पढ़बो करताह वा नहि? हमर तँ प्रयासे अछि। पोथीक रचना दऽ तँ हम सोचनहुँ नहि छलहुँ जे हम कहियो ओहिमे समर्थो होयब। मोनक व्यथा कथा ओ अपन अनुभूति जे अन्तरतममे जोगाओल रहैत छैक सेककरो सुना-बाँटि असीम सन्तुष्टि प्राप्त होइत छैक। मोन हल्लुक भऽ जयबाक बोध होइत छैक किन्तु ओ पाठकोक मोनकेँ छूबय, से आवश्यक नहि होइत छैक। ओ हुनक संवेदनशीलतापर निर्भर करैत छैक। आब हमर विविध प्रकृतिक रचनाक ई संग्रह पाठकक समक्ष छनि। जँ पाठकक हृदयकेँ ई किञ्चितो छूबि सकनि तँ हम स्वयंकेँ कृतार्थ बुझब।

तुलसीदास जी कहने छथिन–

निज कवित्त केहि लाग न नीका, सरस होहु अथवा अति फ़ीका।<br>
जेवर भनित सुनत हर्षाही, से बर पुरुष बहुत जग नाही।।

आषाढ़ी पूर्णिमा<br>
3 जुलाइ 2023

**डॉ. मालती उपाध्याय**

# अनुक्रमणिका

पत्रात्मक रचना–



निबन्ध–

# कथा

# साँझक दीप

परिवारक दुनू अभिभावक वयोवृद्ध बाबा आशुतोषमिश्र एवं वृद्ध पिता अभयमिश्रक स्वर्गवासक उपरान्त वंशीधर बाबू सम्पूर्ण सम्पत्तिकएसगर मालिक भऽ गेलाह। पत्नी प्रतिष्ठित कॉलेजमे अंग्रेजी विषयक प्रोफेसर छलथिन।

वंशीबाबूक जे विवाह भेल छलनि से एकटा अनुपम घटना छल। जखन वंशीधर इंजिनियरिंगक डिग्रीक संग कैम्पस सेलेक्सनसँ मध्यप्रदेशक पालमपुरसँ नोकरी लऽ कऽ घर घुरलाह तखन परिवारमे खुसीक ठेकान नहि रहि गेलनि। दू मासक समय छलनि नोकरी ज्वाइन करबामे की तावत बाबा आशुतोषमिश्र सुव्यवस्थित मूल-पाँजिवला परिवारक घटककेँ अबितहिँ वंशी बाबूक सगुन लऽ लेलथिन। लगन बड़ कम छलैक तँ लगले विवाहक दिन सेहो सुनिश्चित भऽ गेलनि आ पाँचे दिनक पश्चात् वर-बरियाती तैयार। मात्र नओ गोटा घर, आ गामसँ आ दू गोटा बाटहिमे सम्मिलित होअऽवला छलथिन। अर्थात् खबास ठाकुर एवं पंडित जी संग दूटा ड्राइवर मात्र सोलह गोटाकेँ बरियाती जयबाक छलनि। बाटमे जखन नीरजचौधरी बरियातीक संग भेलथिन तँ पुछलथिन  भाइ साहेब, मंगरौनीमे किनका घर बरियाती लऽ जा रहल छी। कन्यागतक शुभ नाम की भेलनि?'

कन्यागतक नाम सुनि ओ गम्भीर होइत चुप्प भऽ गेलथिन। बाबा पुछलथिन—की बात छैक स्पष्ट कहू ने।' तखन पता चललनि जे एखन बरखीयो नहि भेलनि अछि, लड़कीक माय इनारमे डूबि कऽ आत्महत्या कऽ लेने छलथिन। अनेक लोक अनेक तरहक कथा कहि रहल छलैक। एहन कथा सुनि बाबा गुम भऽ गेलथिन, पुनः कहलथिन— हम तँ मूल-पाँजि देखि झट दऽ स्वीकृति दऽ देलियैक।'

तत्पश्चात् मिनी बस बरियातक आ वरक कारकेँ ओही ठाम रोकि लगेक

एकटा स्कूलमे शरण लेलथिन, आ कन्यागतकेँ बजा पठौलथिन जाहिसँ वस्तुस्थितिक पूर्ण रूपेँ जानकारी होइनि। बेसी देरी नहि भेलैक कन्यागत शीघ्रे पहुँचि गेलथिन मोटर साइकिलसँ। तखन कन्यागत एहि कथाक विषयमे स्पष्ट रूपेँ कहलथिन जे– सत्य कथा छैक। संगे ओ इहो कहलथिन जे– हमर पत्नीक माय अर्थात् हमर सासु सेहो आत्महत्या कयने छलीह। अतः ई खानदानक दोष थिक। एहिमे यदि हमर दोष रहितय तखन तऽ हम जहलमे रहितहुँ। आब अहाँक मर्जी अछि।'

कन्याक पिता थोड़ेक क्रोधित होइत उठि कऽ ठाढ़ भऽ गेलथिन।

आशुतोषबाबू हाथ जोड़ि क्षमा मँगैत कहलथिन, 'हमरा लोकनि अहाँक योग्य नहि छी। हमर गलतीसँ अहाँकेँ बहुत क्षति भऽ गेल...।'

लड़कीक पिता कनेक तमकैत कहलथिन, 'एतेक तँ हमरा घरमे कुकुर-बिलाइ खा जाइत अछि। अहाँ सब अबिलम्ब एहि ठामसँ चलि जाइत जाउ नहि तँ केओ बाँचि कऽ नहि जायब। एहि इलाकामे हमर नाम सुनिते अहाँ सबकेँ लोक लोकि लेत।'

स्थितिकेँ देखिते वरक कारवला एवं मिनी बसवला खबासकेँ विवाहक सरमजाम सौंपि अपन गाड़ीकेँ लऽ पहिने पड़ा गेल छल। एकटा मोटर साइकिलक व्यवस्था शीघ्र कयल गेलैक जाहिसँ वंशी ओ हुनका संगी लोकनिकेँ नीरजचौधरीक घर लगक बजारमे भोजनक व्यवस्था कऽ कऽ राखऽ लेल कहल गेलनि। अभयमिश्र बरियातीक लेल कोनो सवारीक जोगार देखऽ लगलाह। बाबा आशुतोषमिश्र तुरन्त विदा भऽ गेलथिन। ओ कहलथिन– बाटमे सब गोटाकेँ भेट भऽ जायत।एहि ठाम कनेको देर रहब आब उचित नहि अछि।'

दिनुक एगारह बाजि रहल छलैक। चलैत-चलैत थाकि कऽ पियास लागि गेल छलनि। बाबाक नजरि पड़लनि सड़कक कातमे स्थित एकटा बड़ सुन्दर इनारपर। इनारक लहरापर सिमटीक संग मोजैक लागल छलैक। बड़ पवित्र ओ साफ-सुथरा स्थान बुझि पड़लनि। ओ इनारक दिस बढ़ि गेलाह। पुनः कनेक ठमकि कऽ ठाढ़ भऽ गेलाह। देखलनि हिनकोसँ बेसिए अवस्थाक एकटा वृद्धकेँ सोलह-सतरह वर्षक पवित्र, गौरवर्णा बालिका बड़ तन्मय भऽ कऽ स्नान करा रहल छलनि। हुनक पीठ ओ पैरकेँ मलि-मलि कऽ धो रहल

छलनि। पुनः नेना जकाँ माथ-पैर पोछि कऽ तौनी हटा, धोती फेरबाक लेल हाथमे देलकनि। बूढ़ा मन्त्र पढ़ैत, छोट सन बटुकक हाथ पकड़ि घर चलि गेलाह। किन्तु ओ कन्या हुनक फेरल धोती गमछाकेँ पखारऽमे लागि गेलि। आब आशुतोषबाबू आगाँ बढ़ि कहलथिन– दाइ कनेक पानि पिअयबह पथिक थिकहुँ। पियास लागि गेल अछि।'

झट दऽ आपकताक संग ओ बालिका माँजल लोटामे पानि लऽ कऽ हुनका देलकनि। परितृप्त होइत बाबा पुछलथिन– ओ वृद्ध अहाँक के छलाह?'

तपाकसँ बालिका बाजलि– हमर बाबा छथि, वार्द्धक्यक कारण अपनेसँ काज करऽमे अशक्त छथि।'

आब आशुतोषमिश्र सोत्सुक प्रश्नपर प्रश्न पूछऽ लगलथिन– बाबाक नाम की भेल? अहाँक मातृक कतऽ अछि?'

उत्तर सुनि घुनघुनयलाह– वाह ई तँ सुच्चा गहुमनक खानदान छैक।'

पुनः प्रश्न– मातृमातृक कतऽ भेल दाइ?'

उत्तर सुनि, गहुमनकेँ कनेक डांग लागल छनि। अहाँ पढ़ब-लिखब जनैत छी कि नहि ?'

कनेक मुसकैत उत्तर भेटलनि– कनेक-मनेक। एखन कॉलेजक दोसर वर्षमे छी। एखन कॉलेजमे छुट्टी चलि रहल छैक।'

कौलेजक नाम सुनि आँखि विस्फारित कऽ पुनः पुछलथिन– अहाँक नाम की भेल ?'

मुस्कुराइत उत्तर भेटलनि जाह्नवीमिश्रा।'

स्वगत घुनघुनयलाह– साक्षात क्षीण कलेवर मन्दाकिनी सुरसरिता जकाँ पवित्र, दुग्धमुखी चारुशीला।'

बच्चीकेँ इनारक समस्त काज भऽ चुकल छलैक। ओ लोटाक पानि आ धोती सम्हारैत बाजलि– अपने बड़ थाकल आ क्लान्त प्रतीत होइत छी। सोझेमे हमर दलान अछि कनेक विश्राम कऽ लियऽ।'

आँखि भरि अयलनि। पुछलथिन–अहाँक बाबासँ गप्प भऽ सकैत अछि ?'

'हँ-हँ, किएक नहि, अतिथिसँ मिलि कऽ बड़ प्रसन्न होइत छथि। कनेक काल पूजा करताह तकर बाद ओ अपनेसँ बड़ गप्प करताह। हमर

बाबा संस्कृतक विद्वान छथि। हमरा तीनू भाइ-बहिनकेँ संस्कृत बाबा आ अंग्रेजी बाबूजी पढ़बैत छथि।'

बाबा दलानमे बैसलाह। तुरन्त बाद एक गिलास शर्बत एवं प्लेटमे किछु मधुर, वैह छोट सन बटुक लऽ कऽ अयलनि। तखने बूढ़ा सेहो प्रसन्नचित्त, भेल पूजा समाप्त कऽ कऽ घरसँ बहरयलाह। परिचय-पात आरम्भ भेल। आशुतोषमिश्र अपन परिचय देलथिन– हमर बाबा बेतिया-राजमे राजपण्डित छलाह। महादेवझा पाँजिक छी। हमर पौत्र इंजीनियर बनि नोकरी पाबि गेल छथि। एहि मध्य हमर आन्तरिक इच्छा अछि हुनका परिणय सूत्रसँ बान्हि दियनि।' ताही संग ओहि दिनुक घटनाक्रमकेँ सविस्तार कहि सुनौलथिन।

जाह्नवीक बाबा प्रसन्न होइत कहलथिन– हमर भाग्य थिक जे एहन मूल ओ पाँजिक लोक हमरा दलानपर पैर रखलनि।'

तत्पश्चात् आशुतोषबाबू हाथ जोड़ि कहलथिन– अपनेक परिवारक संस्कार देखि हम अभिभूत छी। तँ अपनेक घरक रत्नक याचना हम करऽ चाहैत छी। हम देखि लेलहुँ अछि जे सब प्रकारेँ हमर चयन उपयुक्त अछि।'

बूढ़ा हँसऽ लगलथिन आ कहलथिन– हमरा पौत्रक सन्दर्भमे कहैत छी? टुन्ना तँ जिद्द बन्हने अछि जे जखन नोकरी भेटत तखने विवाह करब।'

आशुतोषबाबू कहलथिन– भरिसक हम स्पष्ट नहि कऽ सकलहुँ, अपनेक पौत्री जाह्नवीक विषयमे कहि रहल छी।'

बूढ़ा विस्फारित नेत्रसँ हुनका देखऽ लगलथिन। एहन अप्रत्याशित कथा दऽ तँ सपनहुँमे नहि सोचने छलाह। ई तँ अकल्पनीय छलनि। बूढ़ा हाथ जोड़ैत कहलथिन– अपने महादेवझा पाजिसँ छी ! एहन प्रस्ताव सुनि हम आ हमर परिवार धन्य भेल। किन्तु हमर पुत्र, पौत्र टुन्नाकेँ लऽ कऽ टीशनसँ पहुँचइयेवला छथि। कन्याक मुख्य तँ ओकर पिते होइत छैक ने !'

तखनहिँ सुदर्शन युवक टुन्ना मोटर साइकिलसँ उतरि अपन बाबाक संग अथितिक पैर छूबि भीतर चल गेल। बूढ़ा सेहो आशुतोषबाबूसँ आज्ञा माँगि नहूँ-नहूँ भीतर गेलाह। दश मिनटक उपरान्त बूढ़ाक संग हुनक बेटा आबि आशुतोषबाबूक पैर छुबैत कहलथिन– हमर बाबूक कहल आ अपनेक आदेश तँ हमरा लेल ईश्वरक संवाद सदृश अछि। आब अपने आदेश देल जाओ जे कोना की व्यवस्थाक बात।'

आशुतोषबाबू कहलथिन– व्यवस्थाक कोनो गप्प नहि। एकटाका वंशीधरकेँ दऽ सगुन कऽ लियऽ। लगन बड़ कम छैक एहि बेर, तेँ अजुके लग्नमे विवाह सम्पन्न भऽ जाय सैह हमर आग्रह अछि। पंडित ठाकुर खबास लय चौदह गोटा हमरा लोकनि छी तकर भोजनक व्यवस्थामे अहाँ जैह कऽ सकी सैह बहुत छैक। पुनः हँसैत कहलथिन सोचबाक कोनो कारण नहि अछि। मिथिलाक तऽ इहो परम्परा रहलैक अछि जे सभागाछीसँ कन्याक पिता बेटीक योग्य वरकेँ सगुन दैत, वरकेँ संगे घर नेने आबैत छथि आओर तत्खनाते विवाह ओही शुभ लग्नमे ठना जाइत छैक।

रहल विधि व्यवहार तऽ कोजागरा, मधुश्रावणीमे पर्याप्त समय भेटत। पुनः हँसैत कहलथिन, मिथिलाक लेल तऽ कहल गेल छैक विवाहसँ विधिए व्यवहार भारी। एहन संयोग जे इश्वर प्रदत्त योगायोग अछि, हमरा दुनू परिवारकेँ मिलायवामे भेल अछि ताहिकेँ, शिरोधार्य कय आगाँ बढ़ल जाय।

जाह्नवीक पिता हाथ जोड़ि कहलथिन– अपनेक उदारताक समक्ष हम अकिंचन छी। किन्तु हमर एकटा माँग अछि जाहिपर ई सम्बन्ध निर्भर करैत अछि।'

आशुतोषबाबू कनेक गम्भीर भऽ तनि कऽ बैसि गेलाह आ कहलथिन– मूँह खोलू, स्पष्ट करू, आशा करैत छी जे हम सक्षम होयब।'

आशुतोषबाबू सुनने छलथिन जे एम्हुरका लोक उच्च कुलक रहितो कनेक लोभी-लालची होइत छथि। मुदा जाह्नवीक पिता सुस्पष्ट स्वरेँ कहलथिन– हमर यैह माँग अछि जे हमर बेटी जतऽ धरि विद्या अर्जन करऽ चाहतीह, से अवाध्य रूपेँ अपने ओहिमे हुनक सहयोग करबाने। से वचन हमरा चाही।'

आशुतोषबाबू अपन आँखिक नोरकेँ नहि रोकि सकलाह। जाह्नवीक पिताक दुनू हाथ पकड़ि कहलथिन– हम वचन दैत छी अहाँकेँ।'

आध घंटाक भीतरे पन्द्रह गोट मोटर साइकिल आ एकटा कार गामसँ बहरायल आ आनन-फाननमे चारूकात दौड़ि गेल। केओ विवाहक सरमजाम आनऽ, केओ वर-बरियातीकेँ आनऽ चलि गेल। दही-माछ आदि सभक इन्तजाम होअऽ लागल। घरमे दाइ-माइ आबि विधि-व्यवहार आरम्भ कऽ देलथिन। गीतक टहकार सेहो उठऽ लागल। गामक बीच एकटा मण्डपघर छलैक तकरा वर-बरियातीक लेल सजा देल गेलैक।

एवं प्रकारेँ जाह्नवी ओ वंशीधरक विवाह सम्पन्न भऽ गेलनि।

एखन आब वैह जाह्नवीदेवी, वंशीधरबाबूक पत्नी, प्रौढ़ावस्था प्राप्त कऽ चुकल छथि। अंग्रेजी विषयक प्रोफेसर रहि, दुइ पुत्र एवं एक पुत्रीक माता छथि। कएक गोट कविताक पुस्तक हिनक लिखल ओ छपल छनि आ पुस्तक सब प्रायः छपिते रहैत छनि। साहित्यक पुजारी छथि। एहि पोथी सभक कारणे बुद्धिजीवी समाजमे बड़ प्रतिष्ठा छनि। लक्ष्मी आ साक्षात सरस्वती, दुनूक वास छनि हिनका ओतऽ। खनदानक चर्च तँ होइते छनि। स्त्रीगण समाजमे शिक्षाक लेल जाह्नवीदेवी उदाहरणस्वरूप छथि।

वंशीधरबाबू अपने आब घरेपर रहि साइड पौलिटिक्ससँ बेसी लगाव रखैत छथि। दलान तँ गप्पक अखाड़ा बनल रहैत छनि। ड्राइंगरूममे भरल अलमारी सबमे किताबक बीच पत्नीक सब पोथी सजौने छथि। किन्तु ओहि पोथीकेँ पढ़बाक आवेश कदाचिते भेल होयतनि। हँ, लोक सब आबि जे पत्नीक पुस्तकक प्रशंसा करैत छनि, ताहिसँ सन्तुष्टि भेटैत छनि। प्रारम्भमे पत्नी लालायित रहैत छलथिन। जखन पोथी छपि कऽ भेटैत छलनि, तखन पहिल पोथी पतिदेवकेँ सुपुर्द करैत इच्छुक रहैत छलथिन जे एकान्त क्षणमे ओहि नव पोथीक कोनो विशेष कविताक चर्च करताह। किन्तु वंशीधर बाबू समयक अभावमे, नहि पढ़ि सकलहुँ अछि, सैह कहि प्रसंगकेँ टारि दैत छलथिन। शनैः-शनैः जाह्नवीदेवी आत्म केन्द्रित होइत चल गेलीह। जतऽ धरि भावनात्मक जगतक कथा छल तँ वैवाहिक सम्बन्ध शून्ये जकाँ छलनि। पूर्वजक अर्जित सम्पत्ति एवं प्रतिष्ठा पाबि विदुषी पत्नीकेँ सेहो ओहि विरासतक अंश बूझि अहंकारित भेल रहैत छलाह। चारिटा चाटुकारक रंग बेसी चढ़ैत छलनि। वंशीबाबूक बालविधवा पीसी आरम्भेसँ गृहस्थीक सम्पूर्ण भार लऽ कऽ सुचारू रूपसँ सबटा चला रहल छलथिन। जेठका बेटा अनुज पिताक परम भक्त आ हुनकहि चरणचिह्नपर चलैत छलथिन। जेठकी पुतोहु सेहो घर-गृहस्थीमे पारंगत आयल छलथिन। बेटी नन्दनीकेँ ग्रैजुएशन समाप्त करिते पैघ धनाढ्य घरमे विवाह करा कऽ आब वंशीधरबाबू चैनक वंशी बजा रहल छलाह। छोटका बेटा मंजुलकेँ विदेश पठयबाक हिनका कनेको इच्छा नहि छलनि। किन्तु अपन माँक पूर्ण समर्थन पाबि दू वर्षक लेल मंजुल इंग्लैण्ड चल गेल छलाह।

एम्हर मंजुलक घुरबाक समय लगीच होइत घटकपर घटकसँ घेरायल पिता चान-सिताराक मनसुबा बना रहल छलथिन। ओही मध्य माँक नामेँ इंग्लैण्डसँ मंजुल एकटा सविस्तार चिट्ठी लीखि सूचित कयलथिन– माँ अहीँ सनक विदुषी पत्नीक चाह हमरा मोनमे छल। से मारया विद्या ओ बुद्धिमे सरस्वतीक कृपापात्रे अछि। परम संवेदनशील एवं परिवारक मूल्यकेँ बूझऽवाली अछि। वरिष्ठ जनक सेवाक आकांक्षी रहैत, दया भावसँ ओत-प्रोत अछि। माँ, बाबूजी ! हम निश्चय कयलहुँ अछि जे हमर जीवनक संगी यैह भऽ सकैत अछि। मारया हमरा देशक कल्चरसँ अनभिज्ञ नहि रहि गेल अछि। हम अहाँ सबकेँ पूर्ण भरोस दैत छी जे ई अहाँ लोकनिकेँ कहियो पछतावाक अवसर नहि देत, एकरा अपन पुतोहु स्वीकार करबाक निर्णयपर। पत्रक संगे फोटो पठा रहल छी। पिताजीक स्वीकृति पबिते हम दुनू गोटे प्लेनक टिकट लेब। हमरा दुनूक लालसा अछि जे विवाह इंडियेमे होअय आ से अहाँ दुनूक आशीर्वादसँ। माँ अहाँक किछु पोथी हम अपना संग अनने छलहुँ ओ सब पोथी मारयाक जीवन दर्शन छैक। अहाँक कविता पढ़ैत ओ अभिभूत भऽ उठैत अछि। हम पिताजीक पत्रक मने हुनक अनुमतिक प्रतीक्षा करब। तखने अपन आगाँक प्रोग्राम पठायब।'

पत्र पढ़ि जाह्नवीक मुँहपर एकटा स्मित रेखा उभरि अयलनि। मोन पड़लनि काल्हिये वंशीधरबाबू हुनकासँ गप्प करैत कहने रहथिन– हमर इच्छा अछि जे एही पुतोहु जकाँ छोटकी पुतोहु सेहो लक्ष्मीस्वरूपा बनि आबथि। देखलहुँ नहि जे कोना अनुजक सासुरसँ समस्त परिवारक लेल एकसँ एक गिफ्ट आयल छल। हमर ई डायमण्डक औँठी, अहाँक हेतु डायमण्डक हार। बेटी नन्दनी आ जमायक लेल सेहो एकसँ एक गिफ्ट आयल छल। आ कनियो तेहने सुघर। बारहमीये पास छथि किन्तु हिसाब-किताबमे केहन चतुर छथि ! पीसीकेँ तँ नोकर-चाकर बुद्धू बना लुटैत छलनि।'

जाह्नवी हँसि कऽ कहलथिन, 'लक्ष्मी तँ पर्याप्त भेटिए गेल, आब सरस्वतीक खोज करू। यद्यपि मंजुलक पसिन्न सर्वोपरि मानब आवश्यक अछि।'

वंशीबाबू कहलथिन– लक्ष्मीसँ कतहु आइ धरि ककरो सन्तोष भेटलैक अछि। दोसर गप्प हमहूँ तँ अहाँकेँ नहि देखने छलहुँ, तहिना अनुज सेहो

हमरहिपर भरोस कऽ कऽ विवाह कयलनि। तखन आब मंजुलक पसिन्नक बात कतऽसँ आबि गेलनि ?'

जाह्नवी चुप्प भऽ गेलीह। ओ मंजुलक चिट्ठी हाथमे लेने आँखि बन्द कऽ कऽ सोचऽ लगलीह– भगवती आब रक्षा करथु, ई चिट्ठी जानि नहि कोन रूप लेत !'

भोजनोपरान्त जाह्नवी मंजुलक चिट्ठी पतिक हाथमे देलथिन। ओ तँ पढ़ितहिँ साक्षात् दुर्वासाक रूप धारण कऽ लेलथिन। अग्निश्च-वायुश्च भेल बताह जकाँ, अपनहिँ सँ अपन केश नोचऽ लगलथिन– पूर्वजक सब प्रतिष्ठा माटिमे मिला देलक ई कुलांगार। ककरो मुँह देखबऽ योग्य नहि छोड़लक।'

तत्पश्चात् अनुजकेँ डिक्टेट कऽ कऽ पत्र लिखबौलथिन– हमर सम्पत्तिसँ अहाँ बेदखल कयल जाइत छी। हमर जिनगी वा मरलो उपरान्त हमरा श्राद्ध मे अहाँ वा अहाँक विदेशी पत्नी वा अहाँक संतान सब एतऽ नहि आबय। हमर मर्जीक विरुद्ध यदि अहाँक माँ अहाँसँ सम्बन्ध रखतीह, तखन हम हुनकहुँसँ सम्बन्ध-विच्छेद कऽ लेबनि।'

ओहि चिट्ठीकेँ मंजुलकेँ पठा देल गेलनि।

किछु दिनक पश्चात् माँक नामे मंजुलक चारि पंक्तिक चिट्ठी पहुँचलनि। अमुक तारिख कऽ हमरा दुनूक रजिस्ट्री मैरेज भऽ रहल अछि।'

जाह्नवीदेवी क्लान्त भेल अवसादक अन्धकारमे विवशताक संग भटकैत रहलीह। तथापि एकटा सुन्दर मंगलसूत्र आ अपन नव प्रकाशित पोथी रजिस्टर्ड डाकसँ अपन आशीर्वादक संग पठा देलथिन।

समय कखन अवस्थाकेँ लऽ कऽ उड़ि जाइत छैक से ककरो बुझबामे नहि अबैत छैक। एहि अवस्थाक जिद्द आ टेढ़ी सम्पूर्ण व्यक्तित्वकेँ कुंठित बनयबाक संग हास्यास्पद बना दैत छैक, अस्तित्वकेँ तोड़ि-मड़ोड़ि कऽ अस्त-व्यस्त कऽ दैत छैक। वंशीधरबाबू हार्ट-अटैकसँ अकस्माते महाप्रयाण कऽ गेलाह।

वार्द्धक्यसँ बेसी पतिक नकारात्मकता ओ महाप्रयाणसँ छटपटाइत अनेको तरहक रोगक सामना करैत अन्ततः जाह्नवी देवी ओछाओन धऽ लेलनि। बेटी नन्दनी अयलथिन माँसँ अन्तिम भेटक लेल। एगारह वर्षक पश्चात् छोट पुत्र मंजुल संहो अपन पत्नीक संग घर पहुँचि रहल छलथिन। सामानसँ भरल-भरल अटैचीक संग मंजुल आ मारयाक प्रवेश घरमे भेलनि। बहिन,

भाउजि, भाय-भातिज, भागिन सब प्रेम ओ आह्लादमे मगन भऽ उठलथिन। मंजुल आ मारया माँसँ भेट करऽ हुनका कोठरीमे गेलथिन। आँखि बन्द कऽ कऽ माँ निःस्चेष्ट पड़ल छलथिन। भागिन मंजुलक हाथ घिचैत कहलकनिक पहिने हमर गिफ्ट देखाउ।'

मंजुल जुटि गेलाह अटैची खोलि-खोलि सभक गिफ्टक वितरणमे। सम्पूर्ण परिवार गूड़मे लुधकल चुट्टी जकाँ अटैचीपर झुकल, गद्‌गद् भऽ रहल छल। भौजी कहलथिन– एहि गिफ्टसँ नहि होयत। एतेक दिन सम्हारि देलहुँ भातिजकेँ। एहि बेर एकरो संगे लेने जाय पड़त।'

ओम्हरसँ बहिन कहलथिन– हँ, आब भागिनकेँ लोक बनयबाक भार तोरेपर छह। पैसाक तँ कोनो कमी नहि छैक, किन्तु तोरा सनक बेटा जँ बनि जाय तँ ताहिसँ बढ़ि आर की चाही।'

मंजुल हँसैत-मुसकियाइत रहलाह। नोकर-चाकर सबकेँ गिफ्ट बँटबासँ फुरसति नहि भेटि रहल छलनि।

मुदा एहि अफरा-तफरीसँ फराक मारया माँक हाथकेँ अपन सुकोमल, सुचिक्कन हाथसँ सोहरबैत, हुनक माथकेँ बेर-बेर आह्लादित होइत चूमि रहल छलनि– मौम एक बेर तँ आँखि खोलू। हम किछु-किछु मैथिली बाजि सकैत छी। अहाँ एक बेर आँखि खोलि हमरा वेलकम तँ करू। अहाँक सुनाओल वेलकम गीत मंजुल हमरा सुनौने छथि।'

मारया झट दऽ कऽ बन्द खिड़कीकेँ खोलि, जाह्नवीदेवीकेँ सहारा दैत बैसबैत कहलकनि– मौम अहाँक कविताक नीमक वृक्ष यैह अछि ने! जतऽ बर्ड मदर बैसलि, चें-चें स्वर बहार करैत, अपन बच्चाक प्रतीक्षा करैत छलि... ।'

माँकेँ आँखिसँ अविरल अश्रु प्रवाहित होअऽ लगलनि। मारया हुनक मुँह पोछैत माथकेँ चुमैत पुछलकनि– मौम एकटा कवितामे अहाँ लिखने छियैक अनजान देश, अन्धकार रस्ता, घबराहटि अछि, चलबामे डेराइत छी... ओ हार्ट टचिंग कविता हमरा बड़ प्रिय अछि। कहू ने मौम, अहाँ डेरा रहल छी ने? किन्तु जीवन पर्यन्त एतेक ब्रेभ रहलाक बादो भयभीत किएक मौम?'

हुनक पपड़िआयल ठोढ़केँ पर्ससँ क्रीम बहार कऽ तर करैत मारया बाजलि– प्लीज मौम, हम अहाँक स्माइल देखऽ चाहैत छी।'

क्षीण मुस्कुराहटिक संग, नीमक गाछ आ मारयाकेँ ओ एकटक देखऽ लगलीह। मारयाक हाथ पकड़ि नहुँ-नहुँ अपना मुँहक लग घीचि कऽ अनबाक प्रयत्न कयलनि। भरिसक ओकर हाथकेँ चुमबाक प्रयास छलनि। एहि इम्प्रूभमेन्टकेँ देखि मारयाक मोन किलकि उठलैक, किन्तु जाह्नवीदेवीक आँखि पथराइत चल गेलनि। मारयाक हाथकेँ मुँहमे सटौने, नीमक वृक्षकेँ तकैत, जीवनक अन्तिम साँस बड़ शान्तिपूर्ण छलनि।

समस्त परिवार दौड़ल आ जमा भऽ गेल, किन्तु मारया मूक दर्शक बनि एहि चमत्कारकेँ विस्मय विमुग्ध नेत्रेँ एकटक नीम आ मौमकेँ देखि रहल छलि।

# नैहर छूटल जाय

डाक्टर चन्द्रा अपन सामानक पैकिंग करबामे ओझरायल छलीह, ताही कालमे हुनक मम्मीक ट्रंक कौल आबि गेलनि– यदि प्लेनक टिकट भेटनाइ सम्भव होअह तखन ट्रेनसँ नहि आबि प्लेनसँ अयबाक प्रयास करह । दादीक हालति बेसी खराब भऽ गेल छनि। छत्तीस घंटासँ कौमामे छथुन, कखनो किछु भऽ सकैत छनि।'

मम्मी इहो कहलथिन जे– तोरा बैचक डाक्टर सूरजकेर पोस्टिंग एखन गोहाटी अस्पतालमे छनि, हुनके इलाज चलि रहल छनि। दिन-राति एक कयने ओ बहुत मेहनति कऽ रहल छथि हिनका इलाजमे।'

बड़ मोश्किलसँ चन्द्राकेँ डैडीक चिन्हार एकटा अंकलक प्रयाससँ, आखिरी समयमे एअर टिकटक व्यवस्था भऽ सकलनि, तखन ओ भागि कऽ एअरपोर्ट पहुँचलीह। प्लेनमे जखन बैसि गेलीह तखन लगलनि जे किछु निश्चिन्त भऽ सकलीह अछि। तखन जा कऽ दादीक जीवनक अन्तिम बेला दिमागमे आयब आरम्भ भेलनि। मोन बड़ इमोशनल भऽ उठलनि। अजुका पचिसमा दिन अमेरिकाक फ्लाइट पकड़बाक छलनि। एक हप्तासँ ओकरे भाग-दौड़मे लागल छलीह। एक सालक फेलोशिप जे भेटल छलनि। डिपार्टमेन्टक सीनियर कन्सर्न डाक्टरक घर, स्वीट्सक पैकेट लऽ कऽ धन्यवाद ज्ञापन करब, कैलिग्सकेँ ट्रीट्स देबाक छलनि। अपना लेल एवं मम्मी-डैडीक लेल कतेक शॉपिंग करबाक छलनि, एतेक काज निपटा कऽ, जखन साँझुक ट्रेन पकड़बाक छलनि तँ प्लेनसँ भागऽ पड़ि रहल छलनि। पता नहि दादीसँ भेटो होयतनि कि नहि ! चन्द्रा सोचऽ लगलीह– हम तँ आबिए रहल छलहुँ, पचीस दिनक छुट्टीमे जे निश्चिन्त भऽ कऽ दादीक संग समय बितायब। जतऽ ने पेसेन्टक हुजूम रहत आ ने डॉक्टर सभक। बस दादी आ

दादीक चन्द्रू रहितैक।' 'परंच दादी तोरा जयबाक कोन शीघ्रता भेलौक जे जयबाक तैयारीमे एना लागि गेलैं– चन्द्रा मने मन सोचैत विह्वल भऽ उठलीह।

चन्द्राकेँ अपना जान-पहिचान ओ फ्रेन्डस सर्किलमे, अपना दादी-नानीसँ एतेक जुड़ाव ककरोमे बहुत कम्मे देखबामे अबैत छलनि। केओ मात्र अपन मम्मी-डैडीक रट लगौने रहैत छल आ केओ-केओ तँ ककरो लेल संवेदनशील रहिते नहि छल। किन्तु चन्द्राकेँ मम्मीसँ ओहिना लगाव आ डैडीसँ सेहो ओहिना जुड़ाव छलनि। आ दादी ! ओ तँ ममताक मधुर शर्बते छलथिन चन्द्राक लेल।

जखन चन्द्रा एक सालक छलीह तँ, दादाजीक हृदय गति रुकबाक कारणे मृत्यु भऽ गेलनि। टेलीग्राम भेटिते मम्मी-डैडी चन्द्राकेँ लेने गाम पहुँचलथिन। दादाजीक क्रिया-कर्म सब किछु समाप्त भऽ गेलाक बाद जखन मम्मी-डैडी घुरबाक तैयारी करऽ लगलथिन तखन दादी अपना आँचरक तऽरसँ बहार कऽ कऽ एकटा पैघ डिब्बा चन्द्राक मम्मीकेँ पकड़ा देलथिन।मम्मी जखन डिब्बा खोलि कऽ देखलथिन तँ ओ भौचकमे पड़ि गेलथिन। ओहिमे सात लड़ीक एकटा हार छलैक आ एकटा हाथक कंगन।

चन्द्राक मम्मी दादीक हाथ पकड़ि लेलथिन– माँ एतऽ रहि कऽ अहाँ आब की करब? यदि अहाँ हमरा सभक संग चलब तखने हम एहि दुर्लभ गिफ्टकेँ लऽ सकैत छी। आब पिताजी तँ नहि छथि तैं अपन बेटेक लग चलू।'

दादीक हाथकेँ चन्द्राक माँ पकड़ने रहलथिन। एहि आकस्मिक प्रश्न दऽ तँ दादी कहियो सोचनहुँ नहि छलथिन। ओ टुकर-टुकर अपन पुतोहुकेँ देखऽ लगलथिन। एहन अधिकारपूर्ण स्नेहिल निमन्त्रण दादीक लेल अप्रत्याशित छलनि।

संयुक्त परिवारमे रहऽवाली दादी अपना रोबदार दबंग पतिक गार्जियनशिपमे, दिन-राति घरक व्यवस्थामे जुटल जिनगी व्यतीत करैत रहलीह।

यद्यपि समृद्ध घर छलनि, किन्तु संयुक्त पारिवारिक व्यवस्थाक तेहन नियम जाहिमे अपना बेटाकेँ आइ धरि कहियो दादी अह्लादसँ बेटा नहि कहि सकलथिन। ममतासँ छलकैत आँचरसँ बेटाक घाम नहि पोछि सकलथिन। जखन चन्द्राक डैडी चारिये सालक छलथिन तखने देहरादून वोर्डिंगमे हुनका

पठा देल गेलनि। घरक वातावरणे तेहन बनाओल गेल छलैक जे ओहिमे पालन-पोषण भेलाक बादो चन्द्राक डैडीकेँ अपना माँसँ विशेष लगाव रहबे नहि कयलनि, जेना कोनो मतलबे नहि होइनि। घरक बच्चा छुट्टीमे आबि कऽ दलानक कोठलीमे रहैत छल, मात्र भोजन आ जलपानक लेल आंगनमे जयबाक अनुमति छलैक। पितियौत सब मिला कऽ चन्द्राक डैडी सात भाइ छलथिन। दादाजी कहियो चन्द्राक डैडीकेँ अपन एकलौता बेटा नहि बुझि, सातो बच्चाकेँ अपन बेटा मानैत रहलथिन। सभक संग एकहि रंग व्यवहार। दलानेमे स्टडीरूमक व्यवस्था, पढ़बा-लिखबाक सब सुविधा पहिनहिँ करबा कऽ दादाजी राखल करथिन। घर अयबासँ पहिनहिँ ट्यूटरक व्यवस्था बच्चा सभक लेल कऽ कऽ रखथिन। यैह सब कारण छलैक जे माँ-बेटाक मूक प्रेम कहियो एक दोसराक लेल मुखर नहि भऽ सकलनि।

मम्मीक कहलापर चन्द्राक डैडी घरमे परिवारक समक्ष प्रस्ताव रखलथिन जे– काल्हि अम्मा सेहो हमरा लोकनिक संगे जयतीह, कारण चन्द्राकेँ एसगर सम्हारब बड़ कठिन भऽ जाइत छनि। घरमे सभक चेहरापर एकटा अप्रत्याशित तनाव आबि गेलैक। कारण घरक वातावरण दादाजी बनौनहि तेहने छलथिन। घरक समस्त भार दादी सम्हारैत रहथिन आ बाहरक ओ अपने सम्हारथिन। चन्द्राक छोटका कका पुछलथिन– तोहर अम्मा मानि गेल छथुन जयबाक लेल।'

एहिपर चन्द्राक डैडी कहलथिन– आब अम्माकेँ मनायब हुनक पुतोहुक काज छनि।'

घरक स्त्रीगणक बीच भनभनाहटि आरम्भ भेलनि– पुतोहु कतहु सासुकेँ अपना संग राखऽ चाहय, नौड़ी बना कऽ लऽ जयथिन। आ ई तँ तेहन सोझमतिया छथि जे, एकबेर जहिना पुतोहु कहलथिन ओ तैयार भऽ गेलीह।'

किन्तु दादी एकदम निमूँहधन, कोनो तरहक प्रतिकार नहि, शान्त निर्विकार रहलीह। पहिने चन्द्राक मम्मी भीतरसँ भयभीत छलथिन जे अम्माकेँ ओ लऽ तँ जयथिन किन्तु बड़का शहरक एकाकी जीवन हुनका नीक लगतनि की नहि ! ओतऽ तँ अपने घर-परिवारमे समटि कऽ रहऽ पड़तनि। अम्माकेँ देखि कऽ तँ तेना लगैत छल जेना हुनक भीतरक समस्त इच्छा स्रोत सुखा गेल होइनि। ने कोनो हर्ष आ ने कोनो विस्मय !

किन्तु सुखद आश्चर्य तखन देखल गेलैक जेना युग-युगसँ अपन संतान हेतु व्याकुल कोनो माँकेँ अपन बिछुड़ल बच्चा भेटि गेल होइक, संगहि चन्द्रा सेहो दादीक प्राणे भऽ गेलथिन। मम्मीकेँ कनेको आभासे नहि भेलनि जे घरमे हुनक सासु अयलथिन अछि। दादी तँ चन्द्राक मम्मीक जेना अंतरंग बनि गेलथिन। सखी जकाँ दादी अपन पुतोहुकेँ अपन सब रहस्यसँ अवगत करा देलथिन।

दादीकेँ नागपुरक एकटा गाममे, कतेको समतोलाक बगैचाक बीचमे, एकटा छोट सनक घर छलनि। ओतऽ बिनु माइक बेटी दादी, बाप ओ एकटा छोट सनक भाइक संग रहैत छलीह। समतोलाक मौसममे सब साल ठीकेदार आबि कऽ किछु कम्मे-सम्मे दाम दऽ कऽ समतोला तोड़बा लैत छलनि। किन्तु ओहि बेर एकटा पैघ ठेकेदार गाममे आबि गाछक मुँहमाँगल दाम देने छलनि। तेँ औपचारिकतामे दादीक पिताजी, भोजनपर हुनका निमन्त्रित कयलथिन आ ओत्तहि दादाजी दादीक हाथक भोजन कयलथिन। ओ दादीक घरक स्वच्छता देखि संगहि दादीक रूप-लावण्य देखि मुग्ध भऽ गेलथिन। बिना कोनो औपचारिकताक दादीक पिताजीक समक्ष ओ हुनक बेटीसँ विवाहक प्रस्ताव राखि देलथिन। पहिने तँ दादीक पिता अकचका जकाँ गेलथिन, किन्तु एक दिस गरीबीसँ घेरल आ दोसर दिस बेटीक सौभाग्यकेँ समक्ष पाबि ओ नकारि नहि सकलथिन। ओ प्रस्तावकेँ स्वीकार करबामे कनेको देरी नहि कयलथिन।

पन्द्रह वर्षक दादीक तुलनामे दादाजी बड़ पैघ लगैत छलथिन। कारण दादाजीक ई दोसर विवाह छलनि। पहिल पत्नी बिना दुरागमने गुजरि गेल छलथिन। ताहि लऽ कऽ दादाजी घर-परिवारक पैघ सदस्य होयबाक कारणे अपना विवाहकेँ टारैत रहलथिन। यैह कारण छल जे सामान्य विवाहक वयससँ ओ किछु बेसी लगैत छलाह। तैयो एतेक अन्तर ओहि समयमे चलनिसारिमे छलैक। तत्पश्चाते सगुनक विधि भेलैक। चारि दिनक मध्ये विवाह ओ विदाइ सब भऽ गेलैक। दादीक पिता एकटा पीयर सारी आ दादीक माँक राखल पुरान माथक बोरला, जे बड़ पुरान जमानाक छलैक, सैह पहिरा कऽ बेटीकेँ विदा कऽ देलथिन। दादीकेँ सासुर आबि दादाजीसँ दूटा गहना भेटलनि, एकटा दुनू हाथक कंगन आ दोसर खूब भारी चौड़गर सात लड़ीक हार।

दादीक ओहि सतलड़ी हारक स्मरण चन्द्राकेँ भऽ अबैत छलनि। सरिपहुँ ओ हार आश्चर्यजनक छल। एक बेर चन्द्राक मम्मी लौकरसँ बहार कऽ कऽ ओकरा अनने छलथिन। अद्‌भुत गढ़नि छलैक ओकर ! सातो लड़ीकेँ मिला कऽ बीच बीचमे हीरा जड़ल। अन्हारोमे ठाढ़ रहू तँ झिलमिल ज्योति बहराइत रहैत छलैक। एक बेर दादाजी कहलथिन– इजोत मिझा दिऔक तखन देखैत छी अहाँक मुँहक चमक बेसी अछि वा अहाँक हारक।' दादी सस्मित होइत मम्मीकेँ ई कथा कहलथिन।

दादी कहैत छलथिन– कनियाँ चन्द्राकेँ वियाहमे यैह हार पहिरा देबैक। डॉक्टरनी बेटी महारानी जकाँ लागत।

प्लेन आब लैण्ड करऽवला छल। डा. चन्द्राक ध्यान एकाएक टुटलनि, विचारमे तेना तन्मय भऽ ओझरा गेल छलीह जे लगलनि जेना पलक मारिते पहुँचि गेलीह। घर पहुँचिते मम्मी करेजसँ लगबैत चन्द्राक प्रश्नाकुल आँखिकेँ देखि आश्वस्त कयलथिन। दादीक कमरामे जाइते डा. सूरज मुसकुराइत बजलाह– दादी आँखि खोलि कऽ देखू। आबि गेलीह अहाँक लाडली डाक्टर पोती।'

दादीकेँ होस आबि गेल छलनि। आँखि खोलि क्षीण मुसकानक संग आशीर्वाद देलथिन आ फेर जेना तन्द्रामे हुनक आँखि बन्द भऽ गेलनि। बाहर आबि तीनू गोटा चाह पीबऽ लगलाह– मम्मी कृतज्ञतापूर्वक कहलथिन। डाक्टर सूरज तीन रातिसँ सूति नहि सकलाह अछि। बेटा आब अहाँ घर जा कऽ आराम करू नहि तँ बिमार पड़ि जायब।'

चन्द्रा हँसैत कहलथिन– बच्चा खूब परिश्रम कऽ कऽ हमर दादीकेँ अहाँ बचौलहुँ अछि। चलू वरदान माँगू। डाक्टर, ई मात्र हमर दादिये नहि छथि बुझू तँ सब किछु छथि। प्राण बसैत अछि हिनकामे।' एतेक कहैत चन्द्राक आँखि भरि अयलनि।

सूरज मुसुकराइत बजलाह– एकटा गप्प कहैत छी, सत्य पूछू तँ हमहूँ एखन धरि बुझि नहि पौलहुँ अछि जे, दादीक अवस्था हमरा इलाजसँ सुधरलनि अछि वा कोनो मिरैकिलसँ।'

मम्मी कहलथिन– एहन भेलैक जे दादी बेहोशीमे बेर-बेर रटैत छलीह जे नागपुरसँ बजबा दियऽ एक बेर देखबैक। यद्यपि हमरा लोकनिकेँ बुझल

छल जे आइयो समस्त जिनगी बितलाक पश्चातो दादी नहि जनैत छथि जे ओतऽ एकटा एक्सीडेन्टमे हुनक पूरा परिवार समाप्त भऽ गेलनि। नागपुरसँ के अबितनि? मुदा मुँहमे छलनि।'

डा. सूरज कहलथिन– आँखि खोलि कऽ देखू तँ सही हमहीं आयल छी नागपुरसँ।'

तीन चारि बेर डाक्टर जखन कहलथिन तँ दादीक आँखि खुजऽ लगलनि। हृदयक गति आ नाड़ीक गतिमे सेहो किछु सुधार आबऽ लगलनि। आ इम्प्रूभमेन्ट तँ अहाँक सामने अछि। अहूँकें ई चीन्हि लेलनि अछि।'

सूरजकें गेलाक पश्चात् चन्द्रा फ्रेस भऽ कऽ दादीक लगमे गेलीह तँ घीचि कऽ हुनक हाथकें अपना करेजमे सटा लेलथिन। संगहि जेना हुनक नजरि किछु आरो ताकऽ लगलनि। चन्द्रा कहलथिन– डाक्टर सूरज, जे अहाँक नागपुरवला छथि, तनिका तकैत छियनि की ?'

चन्द्रा बुझौलथिन– ओ बड़ थाकि गेल छलाह तेँ आराम करऽ गेल छथि।'

दादीक स्वास्थ्यमे आश्चर्यजनक बदलाव आबऽ लगलनि। आब कनेक काल कऽ बैसैयो लगलथिन। बिमारीक पश्चात् यद्यपि हुनक पारामीटर नहि सुधरल छलनि, किन्तु चन्द्राकें देखबामे अयलनि जे दादी एतेक मितभाषी छलीह, तनिकर आब खूब वाक्‌शक्ति बढ़ल जा रहल छलनि। सूरजकें डाक्टर नहि बुझि हुनका विशेष आत्मीयतासँ, नैहरक परिवारक बुझि बेसी आवेश कयल करथिन। कखनो नागपुरक समतोलाक विषयमे चर्च तँ कखनो कोन बगैचाक बेसी मीठ समतोला तकर चर्च। लगैत छल जेना दादी अपन ओहि वयस आ स्मृतिमे चल गेल छलथिन जतऽसँ नैहर छूटल छलनि। डा. सूरज दादीक सब कथामे गर्दनि हिला कऽ सहमति दैत रहैत छलथिन। चन्द्रा सूरजकें कहलथिन– लगैत अछि जेना अहाँ हमर दादीकें छिनिए लेलहुँ हमरासँ।'

सूरज मुसकुराइत कहलथिन– हम नैहरक लोक ने छियनि, तेँ हमर बेसी मान होइत अछि। देखिऔन ने दादीक जिजीविषा सेहो बढ़ि रहल छनि।'

दादी एतेक दिन बेटाक संग रहितो कहियो आगाँ भऽ बेटासँ गप्प नहि करैत छलथिन। किन्तु आइ बेटा आ पुतोहु दुनूकें बजाहटि देलथिन। दादी बजलीह– हमरा अहाँ सबसँ एकटा गप्प करबाक अछि।'

सूरज साश्चर्य चन्द्राकेँ नहुँएसँ कहलथिन– लगैत अछि मिझायसँ पहिने दीप बेसी प्रज्ज्वलित भऽ रहल अछि।'

चन्द्रा सेहो तकर समर्थन कयलथिन। समस्त पारामीटर समाप्त होइतो दादीमे ई शक्ति कतऽसँ आबि रहल छलनि से अज्ञाते छल।

डैडी आबि कऽ पुछलथिन– अम्मा की कहबाक अछि, से कहू !'

दादीक मुँहपर एकटा चमक आबि गेलनि। ओ कहलथिन– हमर अहाँ चारू गोटासँ अरजी अछि जे, चौदह वर्षक अवस्थासँ अपना नैहर परिवारकेँ घुरियो कऽ नहि तकलहुँ, ओहि छूटल नैहरक परिवारकेँ आइ अन्तिम समयमे जोड़ि दियऽ। सूरज हमरा नैहरक छथि, डाक्टरो छथि, सुदर्शनो छथि आ सबसँ चन्द्राक योग्य छथि। चन्द्राक विदेश जयबासँ पहिनहिँ सूरजक माता-पितासँ चन्द्राक लेल कथा लऽ कऽ सगुन कऽ आउ। चान-सुरुजक जोड़ी लगा कऽ हमरा बिछुड़ल नैहरकेँ जोड़ि दियऽ। हम यैह देखि जाय चाहैत छी। हमरा जिनगीमे सब सुख-समृद्धि भेटल किन्तु नैहर नहि बिसरि सकलहुँ।'

चन्द्रा आ सूरज सस्मित नजरिसँ एक दोसरकेँ देखि आँखि झुका लेलनि, किन्तु डैडी तँ जेना अवाक् छलाह।

मम्मी हँसैत दादीक माथ सोहरबैत सोचऽ लगलथिन जे नैहरक मोह केहन होइत छैक से सद्यः देखबामे आयल। ओ कतहु पढ़ने छलथिन–

"देखौलहुँ अहाँकेँ बेली चमेली
पीयर गुलाबक फूल
हमरा नैहरमे तीसी फुलाय।"

अम्माकेँ नैहरक समतोला नहिँ बिसरल छलनि–

"कहू मैथिली ई सुख भेटल,
अवधपुरी रनिवासमे
वा पंचवटी वनवासमे !"

जखन सीता जनकपुरकेँ नहि बिसरि सकलीह तखन मनुष्यक कोन गप्प ! मम्मी कहलथिन– अम्मा अहाँ चिन्ता नहि करू, बस नीक भऽ जाउ तखन जे अहाँ कहबैक सैह होयतैक। चन्द्राक लेल एहन वर कतऽसँ भेटत !'

चन्द्रा आँखि घुमबैत बजलीह– हमहूँ डाक्टर छी माँ, हिनकासँ कनेको

कम नहि । हँ, दादीपर हिनक जादू चलि गेलनि से गप्प भिन्न छैक, तेँ हमरासँ पैघ डिग्रीधारी ई नहि भऽ गेलाह।'

आब डैडीकेँ मुस्कुरयबाक अतिरिक्त किछु बजबाक हेतु नहि रहि गेल छलनि। चन्द्रा आ सूरजक हाथ दादी अपना हाथमे लेबाक प्रयास कयलनि। चन्द्रा चौँकि उठलीह दादी तँ सर्द भऽ रहल छलीह। आँखि शनैः-शनै बन्द भऽ रहल छलनि। साँसक गति सेहो समाप्त भऽ रहल छलनि। दादी देखिते-देखिते विदा भऽ गेलीह, अपन टूटल नैहरकेँ जोड़ि कऽ। मम्मीक आँखिसँ दहो-बहो नोर बहऽ लगलनि। नैहरक अटूट सम्बन्धक अंकुर जीवन पर्यन्त नहि सुखाइत छैक। परिस्थितिवश कतबो अपना मोनक उत्कट आकांक्षाकेँ किएक ने दाबि कऽ राखल जाय ! अम्मा नैहरक मोहकेँ कोना दबौने छल होयतीह समस्त जीवन, से घोर आश्चर्यक विषय छल।

●

# लाल साड़ी

रातियेमे अरविन्दजीक फोन आबि गेल छल जे काल्हि बाबूक त्रिरात्रिक कर्म पूजा एत्तहि दिल्लीमे करा, तखन परसू सकाले ओ सपरिवार गामक ट्रेन पकड़ताह। ओ कहलनि– अपने दुनू गोटासँ रिक्वेस्ट जे नओ बजेसँ कर्म आरम्भ भऽ जयतैक। से समाप्त भेला उत्तर, एही ठाम भोजनक व्यवस्था छैक तकर निमन्त्रण। अपने सब गोटा तँ विचार देने छलहुँ जे हरिद्वारमे श्राद्ध कर्म कऽ कऽ बरखी गामपर कऽ लेब, कारण गर्मी बड़ छैक, किन्तु दियाद-वाद नहि मानलनि, सर-कुटुम्ब सेहो गामे अयबाक पक्षमे छथि तेँ जाय पड़त।'

पतिदेव कहलनि– ई सब सोशल रेसपौन्सीविलिटी होइत छैक, तेँ जायब तँ आवश्यके छैक। काल्हि हमरहि संग दस बजे अहाँ चलू। अहाँकेँ छोड़ैत हम औफिस चल जायब आ दू बजे आधा घंटाक लेल आबि भोजन कऽ कऽ अहाँकेँ डेरापर छोड़ैत पुनः औफिस चल जायब।' सैह प्रोग्राम बनल।

हम दस बजे अरविन्दजीक ओहिठाम पहुँचलहुँ। पंडितजी सेहो तखनहिँ पहुँचल छलथिन। कुसुमझा मने अरविन्दजीक पत्नी सब सरमजाम ओरिआबऽमे लागल छलथिन। ओ कहलनि– अहाँ आरामसँ बैसू, कंचनशर्मा सेहो अबिते होयतीह।'

हम पुछलियनि– हम काजमे किछु मददि करू ?'

ओ कहलनि पंडितजीक फरमाइसक अनुसार हमरहि ताकि कऽ सब वस्तु देबऽ पड़त। अहाँ कोना की करबइ ?'

हम बैसि गेलहुँ। कर्म बालकोनीक बरंडापर भऽ रहल छलैक। घरेसँ बैसल देखि रहल छलियैक। एसकर बैसल मोन पड़ऽ लागल जे हिनका लोकनिसँ पारिवारिक सम्बन्ध कोना आरम्भ भेल आ कोना एतेक आपकता भऽ गेल।

अरविन्दजीक पहिल पोस्टिंग गौहाटीमे छलनि। हमरा लोकनि धियापुताक

संग पैघ छुट्टी गाममे बिता, घुरती कालमे गौहाटी गेस्टहाउसमे दिन बिता, किछु आराम कऽ कऽ पुनः नौर्थ ईस्टक यात्रा आरम्भ कयल करैत छलहुँ। सरकारी गाड़ी आ गेस्ट हाउसक लेल गौहाटी औफिसमे पतिदेव फोन करैत छलथिन, तखन ओही क्रममे पता चलिते अरविन्दजी औफिससँ आधा दिनक छुट्टी लऽ टीशनपर मुस्तैद भेटथि। ओ किन्नहुँ नहि मानथि सोझे अपनहिं डेरापर आबि गाड़ी रोकि देथि हमरा सबकेँ हुनक आतिथ्य कयने बिना गेस्टहाउस जयबाक कोनो प्रश्ने नहि रहैत छल। अरविन्दजीक पत्नी कुसुमझा जेहने मिलनसार स्वभावक छलीह तेहने फुर्त्तिगरि। देरियो नहि लागनि कि चट्ट दऽ राहड़िक दालि हींग आ घी-जीरसँ छौंकल, मालभोग चाउरक भात, कुरकुर आलूक भुजिया, ऊपरसँ तिलौड़ी। भुखायलमे जे सुस्वादु ओहि भोजनक लागय, से कतबो प्रयत्न कयला उत्तर फेर ओहन सुअदगर नहि अपना हाथक लागल। एतहिसँ अपनापन ओ सिनेह उत्पन्न भेल। तत्पश्चात् जखन हमरा लोकनि शिलौंगमे छलहुँ अरविन्दजीक पोस्टिंग किछु दिनक लेल ओतहु भेलनि। आउट पोस्टसँ शिलौंग औफिस मासमे दू बेर अबइये पड़ैत छलनि तखन ओ सपरिवारे अबैत छलाह आ कुसुमझा तँ अबिते देरी भनसाघरमे हाथ बँटाबऽ लेल तैयार रहैत छलीह। चाहसँ लऽ कऽ तीमन-तरकारी पर्यन्त सब भार सम्हारि लेथि। बड़ स्नेहपूर्ण समय बीतय हुनक सभक साहचर्यमे। ओत्तहि मिसेज कंचनशर्मा उत्तराखण्डक छलीह। हुनक पति सेहो एक्कहि डिपार्टमेन्टमे छलथिन ओ हमरा दुनू परिवारक कौमन फ्रेन्ड छलीह।

जखन राँचीमे छलहुँ– संयोगसँ छओ वर्षक उपरान्त जम्मूसँ अरविन्दजीक ट्रान्सफर राँची डिविजनक आउटपोस्टपर भेलनि।ओहि समयमे राँची डिविजनक इन्चार्ज हमर पतिदेव छलाह। आब यदा-कदा मौका भेटि जाय। जखन हिनका अरविन्दजीक पोस्टपर इन्स्पेक्सनक लेल जयबाक होइनि तँ हम संग लागि जइयनि। भरि दिन ई लोकनि औफिसक काज करथि, आ हम दुनू मने कुसुम आ हम खूब गप्प-सप्प करी। घर-परिवारक समस्या, दुःख-सुख बतिआयमे समय बढ़ियाँ कटय।

राँचीमे हम बेटीक विवाह ठनलहुँ, कारण ओतऽ मकान बड़ पैघ भेटल छल। एतऽ सब किछु सुविधापूर्ण रहत, यैह विचार भेल। कुसुमझा कहलनि– हम एक हप्ता पहिनहिं सपरिवार पहुँचि जायब। हम दुनू गोटा बड़ मना

कयलियनि– नहि-नहि, हम सब हाट-बजारमे लागल रहब, अहाँ सब कें बड़ कष्ट भऽ जायत। दू दिन पहिने आबि विधि-व्यवहार सम्हारब।' किन्तु कुसुमझा कहाँ माननिहारि ! आ जखन आबि गेलीह तँ विवाह यज्ञमे ओ हमर पंथक पाकड़ि भऽ कऽ ठाढ़ रहलीह, विधि-व्यवहार, स्टोरक चार्ज आ सबसँ पैघ पानक भार सबटा सम्हारि लेलनि। पनखौक सभक तँ ओ अवलम्बे भऽ गेलथिन। सब सम्हरि गेलैक। बड़ धन्यवाद देलियनि हम दुनू गोटा। आब जखन दिल्ली अयलहुँ तँ एक वर्षक उपरान्त अरविन्दजी सेहो दिल्ली आबि गेलाह। दिल्ली तँ अथाह छैक एतऽ तँ अनेको औफिस। राँचीसँ दिल्ली पोस्टिंग आरम्भमे बड़ कष्टकर रहल। अरविन्दजीकेँ सेहो बड़ परेशानीक सामना करऽ पड़लनि। सरकारी मकान तँ शीघ्र भेटितनि नहि, तखन औफिसक भार, घरक समस्या। औफिस कम रेसिडेन्सबला सद्यः सुख भोगल लोककेँ एहन ट्रान्सफर आरो कष्टकर भऽ जाइत छैक।

अरविन्दजीकेँ औफिससँ कम्बोडिया जयबाक अवसर भेटलनि। औफिससँ स्वीकृतिक दरखास मँगलकैक। हम सब बड़ उत्साहित कयलियनि जयबाक लेल। ड्राइविंग जननाइ आवश्यक छलनि से अरविन्दजी मूड़ी खसा देलनि। दू मासमे फोर ह्वीलर सिखनाइ आ लाइसेन्स तुरन्त भेटनाइ कतेक मुश्किल छल। तथपि हम सब कहलियनि– अहाँ आइयेसँ प्रोफेसनलक संग सिखनाइ सुरू कऽ दिऔक, देखबैक सब किछु भऽ जायत।' दिल्लीमे रहनिहार सभक लेल ड्राइविंग आवश्यक छैक। अस्तु अरविन्दजी कम्बोडिया गेलाह। दूर-दराजवला एकटा डेरा किरायामे लऽ कऽ बाल-बच्चाकेँ राखि देलथिन। विदेशक पोस्टिंगमे बड़ पाइ छलैक, दिल्लीसँ कयक गुणा बेसी आ मकान भेटबामे सेहो प्रायरीटी, शीघ्र नम्बर आबि जाइत छलैक। कम्बोडियाक समय अरविन्दजीक लेल बड़ कष्टपूर्ण बितलनि। ओतुक्का स्थिति नीक नहि छलैक। बड़ दहसति-पूर्ण, कखन की भऽ जायत, सैह हाल छलैक। कुसुमझा सेहो ओहि समयमे तपस्ये कऽ कऽ बितौलनि। परेशानीवला समय छलनि, किन्तु हिम्मतिसँ रहलीह।

अरविन्दजी कम्बोडियासँ आपस अयलाह। फ्लैट सेहो आरकेपूरम सेक्टर बारहमे भेटि गेलनि। दुनू गोटा भेट करऽ डेरापर अयलाह तँ आब कुसुमझाकेँ सद्यः एकटा समस्या समक्ष छलनि। ओ कहलनि– अहाँ लोकनि देखनहिँ छी

जे कोन कष्टक पाइ अछि। आब गामसँ बजाहटिपर बजाहटि आबि रहल छनि, जेठ भाइ, बाबू, माँ सब केओ व्यग्र भऽ कऽ प्रतीक्षा कऽ रहल छथिन। यदि एखन हमरा लोकनि गाम गेलहुँ तँ एतेक कष्टक एक्कोटा पाइ बाँचब सम्भव नहि होयतैक। ओतऽ अनेको तरहक समस्या मुँह उठौने भेटतनि। भाइसाहेबक बेटीक विवाहक समस्या, माँ-बाबूक बिमारीक समस्या, ननदि सभक फराक डिमांड। तेँ जा धरि पाइक कोनो समुचित व्यवस्था नहि भऽ जायत, हम हिनका गाम नहि जाय देबनि।'

कुसुमझा अपन निश्चय सुना देलथिन। अरविन्दजी किंकर्त्तव्यक मुद्रामे चुप्पहि रहलाह। ओ हमर पतिदेवकेँ कहलथिन– अहीँ हिनका बुझबिऔन।'

तखन ई सुझाव देलथिन– आइ.वी.क एकटा सोसाइटी बनि रहल छैक, अहाँ ओहीमे एकटा फ्लैट लऽ लिअऽ आ एहि काजकेँ शीघ्रतासँ करू, नहि तँ भेटत नहि। सब एलौट भऽ जयतैक।'

अरविन्दजीकेँ फ्लैट भऽ गेलनि। तत्पश्चात् गाम गेलाह मुदा ओतऽ तेहेन स्थिति बनि गेलनि गृहकलहक। कारण जेठ भायकेँ विदेशक कमाइसँ जे अपेक्षा से पूर्ण नहि भऽ सकलनि। भितरे-भीतर दुनू भाय आ दुनू देआदनीक निर्णय भेलनि, फराक भऽ अपन-अपन जिम्मेवारी सोचल जाय। हुनक जेठ भाइकेँ तीनटा बेटी आ एक्केटा छोट बेटा। अरविन्दजीकेँ दूटा बेटा, तेँ दुनू भाइ अपन भार अपनहिँ सम्हारथि।

आब सबसँ पैघ प्रश्न छलैक वृद्ध बाबू आ माँक भार, जकरा केओ एकगोटे कोना सम्हारि सकैत छल। निर्णय भेलैक जे माँ जेठका बेटा लग दरिभंगामे रहथिन, हुनकहि डेरापर हुनक इलाज होयतनि, आ बाबूकेँ अरविन्दजी अपना संग दिल्ली लऽ जयथिन। पेटमे गोला छनि तकर इलाजो करौथिन आ आब ओत्तहि रखबो करथिन। माँकेँ तँ थोड़े बुझऽमे आबि रहल छलनि जे की भऽ रहल छैक, किन्तु बाबूकेँ बँटबाराक कोनो हवा नहि लागऽ देलथिन। मात्र यैह जे दिल्ली जाइत छथि इलाजक लेल। बूढ़ीकेँ कनैत देखि बूढ़ा तोष-भरोस देलथिन– दिल्ली जाइत छी इलाज हेतु, से भऽ जायत तखन नीक भऽ जायब, अरविन्द गाम पहुँचा देताह। अपन डीह-डाबर छोड़ि कत्ते दिन हम ओतऽ रहब। हमरा नीक थोड़बे लागत। बिमारीक कारणे बेटा लऽ जाइत छथि। अहाँ जेठका बेटा लग रहब। अनिल दरिभंगेसँ आबि खेती-पथारी ओ घर-गृहस्थीक देख-भाल करताह।'

कर्मस्थली लग यैह सब सोचैत बैसल छलहुँ कि मिसेज कंचनशर्मा जे हिनक बगलेमे रहैत छलथिन से चहकैत, हँसैत पहुँचलथिन– आप कब आईं अकेली बैठी हुई हैं। मैं तो सारा इन्तजाम करबा कर दस बजे गई ही हूँ। नहाना और नाश्ता समाप्त करते ही भागी आ रही हूँ।'

मिसेजशर्मा शिलौंगेसँ हमरोसँ तहिना अंतरंग छलीह। दिल्लीमे संयोगसँ ई लोकनि पड़ोसी सेहो भऽ गेल रहथि। हम दुनू गोटे बैसल रहलहुँ। शेष लोक सब तँ भोजनेक बेर अबितथिन। एखन बहुत देरी छलैक। दू बजे भीड़ भाड़ होयतैक।

मिसेज शर्मा कहऽ लगलीह– 'इन दो वर्षों में बाबा ने मैथिली सिखा-सिखा कर मुझे समझना तो सौ प्रतिशत, बोलना भी थोड़ा-बहुत सिखा दिया है। एक ही कहानी को रोज बाबा से सुनने के बाद अब मुझे तो वैसे सारा कुछ कंठस्थ हो गया है बल्कि इनके गाँव का रास्ता भी।'

हम हँसैत कहलियैक– पहाड़ी लोक मैथिली सीखि लेलक से बड़ पैघ बात भेल।'

ओ कहलनि– मैं तो पराई हूँ, आज कितना दिल कसकता है उनके लिए ! सच में अगर मेरे कलम में दम होता तो गाँव के लिए उनकी आत्मा की लालसा को सचित्र उकेर कर रख देती, किन्तु अपना तो सागर लहर समाना वाली स्थिति है।'

मिसेज शर्मा कहऽ लगलीह– दिल्ली आनि अरविन्दजी जखन पिताक इलाज आरम्भ करबौलथिन, तखन पता चललनि जे पेटमे पैघ ट्यूमर छनि आ तकर हुनक एहि वयसमे औपरेशनो नहि भऽ सकैत छनि। दू वर्ष बाबाक बड़ कष्टमय बितलनि। दिमाग सहीसँ काज नहि करनि। मात्र पाछाँक मेमोरीटा रहि गेल छलनि। आजुक कोनो स्मृति नहि रहि गेल छलनि। कुसुमझाकेँ बाबाक सेवा, घर-बाहरक सबटा काज, दबाइ अननाइ, खोएनाइ, बजारक समान आदि-आदि बड़ व्यस्तता रहैत छलनि तैं प्रायः बाबाक जिम्मेवारी हमरहि पर रहैत छल।

'बाबा का एक-एक शब्द कण्ठस्थ हो गया है– एतेक कहैत मिसेज शर्माक आँखि भरि गेलनि। सतत एक्कहिटा रटनी कोना गाम जायब? रुमाल सिरहानासँ निकालि किछु खुदरा पाइ बहार कऽ– लिअऽ टीकस कटा लेब।

दुनू गोटाकेँ दिल्लीसँ बहार होइते हम गाम धरिक सब रस्ता अहाँकेँ बुझा देब। बाटमे कत्तहु भुतिआय नहि देब। दरिभंगा टीशन उतरिते गामक लेल ऑटो भेटि जायत। कनेक मोल-भाव कऽ लेब नहि तँ ठकि लेत, नव लोक देखने। आब नदी पार करऽ पड़त, नदीमे पानि नहि छैक सूखल कमलाक पाट, मात्र बालु। अहाँकेँ कमला नदीक महानताक कथा कहैत छी। एक बेरक गप्प छैक अकबर बादशाह अपना घोड़ापर चढ़ि लाव-लश्करक संग कमला नदी देखबाक लेल अयलाह, मुदा देखैत छथि बालुसँ भरल सुखायल पाट छैक। तखन अकबर बजलाह– घुमाओ लाव-लश्कर को। कमली–कमली सुनता था देखा तो पैरो नहीं भींगा।' एतबहिमे हुहुआयल फुफुआयल कमला महारानी क्रोधसँ फुफकारैत, उफनैत दौड़लीह। चारू कात जलमग्न भऽ गेलैक। लोक त्राहि-त्राहि करऽ लागल, घोड़ा-हाथी सब डूबि गेलैक। आब अकबर बुझलक कमलाक महिमा। पूजा-पाठ कऽ कऽ जखन क्षमा प्रार्थी भेल, तखन कमला शान्त भेलथिन।'

ई कथा अनगिनत बेर बाबा सुना चुकल छलथिन कंचनशर्माकेँ।

'तखन किछु दूर आगाँ बढ़िते मनचनमाक पान, खैनी, गुटकाक दोकान भेटत। बड़ नीक लोक अछि। ओकरा दोकान जाइते अहाँकेँ जखन पान खोआयत, तखन अहाँ कहबैक जे केहन सुस्वादु पान लगबैत अछि। ठोर दह-दह लाल भऽ जायत ओकर पान खाइते। तकरा पश्चात् लोहारक दोकान लोहरसारि छैक जतऽ हम हर-फार, कोदारि-खुरपी बनबबैत छी। परोपट्टामे हमरा सनक गृहस्थ किसान केओ नहि अहाँकेँ भेटत। जे बीया कतहु नहि से मधुसूदनझाक ओतऽ अवश्य भेटत, तेहने गाम अछि हमर।

आब दूरहिँसँ देखायत हमर दलान। हमरा दलानक पूब दिस दिनकरक उदय होइत छनि। आब गेट धयने लाल साड़ी पहिरने बाट तकैत। बूढ़ीकेँ ठाढ़ देखबनि। पहुँचिते बूढ़ी एतेक आह्लादित भऽ कऽ पैर धोऔतीह आ आँचरसँ पोछि तखन पहिने खीर खोऔतीह। तुलसी फूलक भात, बड़ी आ तिलकोरक तरुआक सचार लगा देतीह। अहाँ ई पाइ अपना लग राखि लीअऽ अरविन्द चुप्पहि देलनि अछि। मोटकी (पुतोहु) देखिते चोरा लेत, फेर कोना गाम जायब ?'

मिसेज शर्मा कतबो बुझबितथिन– बाबा कतेक सेवा कुसुम करैत छथि, तखनो अहाँ नाराज रहैत छियनि।'

किन्तु बाबा किछु सुनबाक लेल तैयार नहि। गाम पहुँचबाक लालसामे डूबल सदिखन। ओहिसँ भिन्न किछु आरो सुनऽ नहि चाहैत छलाह। किन्तु पिताकेँ कहाँ पता छलनि जे बूढ़ी लाल साड़ी पहिरि एहि दुनियासँ चलि गेल छथिन, आ ओतहि हुनक बाट देखि रहल होयथिन। माँकेँ मरला उत्तर अरविन्दझाकेँ हुनक भाय अनिलजी खबरि देलथिन, परन्तु पिताकेँ ई समाद कहबाक वा हुनका लऽ जयबाक स्थिति आब नहि रहि गेल छलनि तेँ अरविन्दजी एसकरे गाम गेलाह। कुसुम कोना जइतथिन ससुरकेँ छोड़ि कऽ।

प्रत्येक दिनक हुनक मात्र एक्कहिटा दिनचर्या- गाम जयबाक उत्कट आकांक्षा, कल्पनालोकमे गामक एक-एक वस्तुक बखान आ पहुँचयबाक रट, दिन-राति वैह रटनी।

काल्हि सकाले अरविन्दजीकेँ सपरिवार गाम निकलबाक छलनि। जानि नहि पिताक आत्मा ओतऽ पहुँचि गेल होयतनि वा संगहि जयतनि। गामक अदम्य लालसा लेने ओ प्रस्थान कयलथिन। विषय तेहन छलैक जे सभक मोनकेँ कनेक झकझोरि देने छलैक। श्राद्ध कर्म सब समाप्त भेलाक उपरान्त गामसँ घुरलाक बाद अपना ओतऽ हवन करौने छलीह कुसुमझा। ओहि क्रममे हमरा लोकनिकेँ भेट भेल तखन गामक सबटा खिस्सा ओ सुनौलनि– भाइ साहेब मने अनिलजीपर सौंसे गामक लोक बड़ दबाब देलकनि जे कतबो छोटका बेटापर भार देबनि, किन्तु जेठ बेटा तँ अहीँ छियनि। खेत-पथार, घर-दुआरि सभक बँटबारा होइत छैक, किन्तु माता-पिताकेँ मुक्तिक लेल कर्म तँ अहीँकेँ करऽ पड़त। हे, भोज-भात अरविन्दक भार रहलनि। अपन सबटा धन-बीत अहाँ सबकेँ दऽ गेलाह अछि, सब दान-कर्म नीक होयबाक चाही।'

नीक जकाँ सब काज सपरि गेलाक पश्चात् खेत-पथारक बँटवारा पूर्ण रूपेण भऽ गेलैक। तत्पश्चात् हमरा लोकनि दिल्ली आबि गेलहुँ।'

हम आ कंचनशर्मा जीवनक नश्वरताक फिलौसफीपर अपन-अपन विचार देबऽ लगलहुँ। संवेदनशील मोनमे हुनक गाम जयबाक आकुलताक पराकाष्ठा मोन पड़ऽ लागल। अपना माटिसँ ओ अपन पत्नीसँ कतेक लगाव छलनि हुनका। अन्तिमो समयमे वैह गामक घर आ लाल साड़ी पहिरने पत्नीक ध्यान करैत महाप्रयाण कयने होयताह। वैह हुनक अभिष्टो छलनि। ईश्वर परमेश्वर सबकेँ समेटि आपनामे आत्मसात कऽ लेने होयताह। कोना

श्राद्धकर्मसँ मुक्ति तृप्ति भेटल होयतनि? बलजोरी बड़का बेटाक श्राद्धक मंत्रोच्चारसँ वा आजुक हवन कर्मसँ? से विचारणीय विषय अछि। किन्तु आत्मा जँ सत्य छैक तखन ओ अवश्ये करुणा ओ अदम्य लिप्सा लेने गाम पहुँचिये गेल होयतनि आ प्रतीक्षारत भऽ दलानपर दिनकरक दिस दृष्टि गड़ौने रहतनि। मुदा जाधरि वृद्ध भऽ कऽ हुनक दुनू बेटा अपना डीह-डाबरपर नहि औथिन हुनका मुक्ति कतऽ होयतनि ?

●

# पश्चातापक अश्रु

अवनीकेँ एहि बेर सिविल सर्विसक तेसर एटेम्ट छलैक। पछिला बेर मोन जोगरक पोस्ट नहि भेटल छलैक, तेँ एहि बेर ओ ठेहुन अरोपने छलि। राति-दिन कठिन परिश्रम कऽ रहलि छलि। एखन धरि शहरक डेरापर पिता सूर्यकान्त, माय अनुराधा ओ बेटी अवनी रहैत छलि, किन्तु आब किछुए दिन पूर्व गामसँ दादी ओ खबासिनी राधा जे दादीक संगहि रहैत छलि तकरा अवनीक पिता डेरापर लऽ अनलथिन। दादीक शरीर आब दिनो दिन खसल जा रहल छलनि। दम्माक बिमारी आ ठेहुनक दर्दक कारणे आब ओ एसकरि गाममे रहऽबाली नहि रहि गेल छलीह। दादी अपना एकलौती पोतीकेँ बड़ दुलार करैत छलथिन। हुनक एक्केटा अभिलाषा छलनि जे अवनीकेँ अफसरक नोकरी भगवती दऽ देथुन तखने सभक आत्माकेँ चैन भेटतैक। सत्याक प्रति अपन अपराधबोधसँ ओ मुक्त भऽ सकतीह।

सूर्यकान्त आबि दादीक ओछानपर चाहक कप लेने बैसलाह– माँ एहि बेर अवनी ठेहुन अरोपने छैक। आशीर्वाद दैत रही जे एहिबेर सफल भऽ जाय।'

'हँ हौ सूरज, बस एक्केटा मनोरथ अछि जे सत्याक आत्माकेँ मुक्ति भेटैक ओ हमरो आत्मा अपराधबोधसँ मुक्त भऽ एहि दुनियाँसँ जाय।'

'हमरो मोनक तँ एक्केटा अभिलाषा अछि ने माँ ! अवनीक जन्म लैते बस यैह आकांक्षा पनपऽ लागल छल जे एकरा सत्या बहीन नहि बनऽ देबैक, अज्ञानक अन्धकारमे शिक्षासँ वंचित भेल मूक रूपेँ जकर अवसान भऽ गेलैक। ई अपना पैरपर ठाढ़ भऽ दुनियाँकेँ देखत से आब लगैत अछि भगवानकेँ सुनहि पड़तनि– सूर्यकान्त कहलथिन।

रात्रिक दू बाजि रहल छल। ठेहुनक दर्द दादीक निन्नकेँ तोड़ि देलकनि। हुलकी दऽ कऽ देखलथिन तँ अवनीक घरसँ इजोत आबिये रहल छलैक।

अपन ठेंगा उठा ठकर-ठकर करैत ओ जा कऽ देखलथिन। अवनी तखनो पढ़बामे डुबलि छलि। दादी ठामहि घुरऽ लगलथिन्ह। अवनी किताबसँ मूड़ी उठबैत बाजलि—दादी कय बेर कहलहुँ बिना राधा दीदीकेँ जगौने ओछानसँ नहि उतरू। ठाढ़ रहू हम संगे चलैत छी। आब हमहूँ थोड़ेक कालमे सुतबे करब। आजुक टारगेट थोड़बे बाँचि गेल अछि, एक घंटामे पूरा भऽ जायत।'

दादी देखलथिन— सुखा कऽ छौँड़ीक देह एक मुट्ठीक भऽ गेल छलैक। जान-प्राण लगा देने छलि पढ़बामे।

'दादी आब परीक्षाक गनल दिन रहि गेल अछि। फेर तँ सुतबे करब आ अहाँ संग खूब गप्पो करब, किन्तु एकटा बात अहाँ कहू जे मैथिली भाषामे छौँड़ी, मौगीकेँ छोड़ि स्त्रीगणक लेल कोनो दोसर नीक आदरसूचक शब्द दोसर नहि छैक की? पुरुषक लेल तँ एना नहि बाजल जाइत छैक?'

दादी अपना ओछानपर बैसैत मुसकिया कऽ आचरसँ मुँह झाँपि बजलीह— मैथिलीमे सुन्दर शब्द किएक ने रहतैक। ई तँ गामक आदति पड़ल अछि। एहिना सब बजैत छैक। जो आब हम छौँड़ी, मौगी नहि बजबौ। तोरा दाइ कहबौ, नेना कहबौ, बाउ कहबौ, छौँड़ी किएक कहबौ।'

'ठीक छैक तखन छौँड़ी आ मौगी अहाँ ककरो नहि कहबैक आइसँ से प्रौमिस करू। कत्ते खराब सुनैत लगैत छैक। आब हम जाइत छी अहाँ सूति रहू।'

अवनी अपना टेबुलपर आयलि। दस मिनट समाप्त भऽ गेलैक। बहुत राति धरि एखन पढ़बाक छलैक। पन्द्रहे दिन जे बाँचल छलैक। टेबुलपर पड़ल दूधक गिलास तँ पानि भऽ गेल होयतैक। ओ फ्रीजमे राखऽ लय उठौलक, किन्तु गिलास खूब गर्म लहरैत बुझयलैक। जानि नहि माँ कखन चुपचाप फेरसँ गरम कऽ कऽ राखि गेल छलथिन।

अवनीक लिखित परीक्षा आइ समाप्त भऽ गेलैक। यद्यपि पेपर सब बड़ नीक भेल छलैक तथापि डेरायलि तँ रहबे करय बड़ नीक नम्बर अयतैक तखनहिँ च्वाइस भेटतैक।

एकदिन दुपहरमे दादीक ठेहुनमे दबाइ लगबैत हुनके ओछानपर बैसल अवनी पुछलकनि— दादी आइ अहाँ हमरा सत्या दीदीक कथा विस्तारसँ सुनाउ। बाबूजी कने-मने कहने छथि जे किएक अहाँ हमरा कखनो काल सत्या कहि

बजबैत छी। अहाँ सन पुरान लोक द्वारा एतेक समझदारीसँ हमरा पढ़यबामे बाबूजीकेँ सहयोग देब आ फेर माँकेँ बलजोरी डेरापर पठायब जाहिसँ हमरा पढाइमे भांगठ नहि होअय। की भेल छलनि सत्या दीदीकेँ? सब किछु अहाँ हमरा कहू आब हम कोनो नेना तँ नहि ने छी।'

अवनीक आग्रहपर दादीक आँखि डबडबा गेलनि आ ओ कहऽ लगलथिन–सत्या दादीक एकलौती बेटी, बड़ लाड़-दुलारमे पोसल-पालल गेल छलीह। तेहन रूप ओ स्वभाव छलनि जे परिवारक सब केओ जान प्राण दैत छलनि। जाहि दिन सत्याक पिता राजपुरक जमिन्दार श्यामाचरण शुक्लाक एक मात्र सन्तान एकलौता पुत्र कालीदीन शुक्लकेँ सगुन दऽ अयलथिन तँ जेना हुनक पैर खुसीसँ धरतीपर नहि पड़ि रहल छलनि। गाम ओ पटीदारक लोक सब सुनि छकित रहि गेल छल जे एतेक पैघ राजाक घरमे जे अथाह सम्पत्तिक मालिक अछि, तकर एकलौता बेटासँ कोना भऽ रहल छैक। सभक मुँहपर यैह छलैक जे सत्याक भाग्य खुजि गेलनि।सत्याक पिता सबकेँ कहथिन–लड़का छैक साक्षात कामदेवक स्वरूप। पिताक देहान्त भऽ गेल छनि किन्तु माय बड़ चतुर छथिन।राजपाटक भार बड़का मामा सम्हारैत छथिन। हमर बेटी ओहि घरमे राज करत।'

ही खोलि कऽ बरियातीक स्वागत-सत्कारक इन्तजाम, छप्पन भोगक तैयारी भेल कतहु कोनो त्रुटि नहि रहऽ देल गेल।

बरियातीक प्रमुख अतिथि छलथिन वरक माम। बहिनोइक असमय मृत्युक बादसँ विधवा बहिनक सब कार्यभार वैह सम्हारैत छलथिन। बड़ शानपला आ अहंकारी लोक, पिनकाहो तेहने छलाह। कन्यागतक केओ दूरक सम्बन्धी भातक भोजनक कालमे हँसी-चौलमे हुनक एकटा आँखि कनेक डेढ़ छलनि ताहिपर कटाक्ष कऽ कनेक अभद्र जकाँ हँसि देलथिन जे–एहन लोक बड़ पिनकाह होइत छथि। बस समधि तेना विदकि गेलथिन जे कतबो घर ओ समाजक लोक माफीक संग बैसबाक प्रयास कयलकनि ओ नहि मानलथिन। ओहि व्यक्तिकेँ तँ तत्काले सब गोटा दुत्कारि कऽ भगा देलकैक, किन्तु माम बिना खयने तखनहिं विदा भऽ गेलथिन आ घर जाय जतेक सम्भव भेलनि अपना विधवा बहीनकेँ लगा-बझा अपन अपमानक तिलमिलाहटिसँ कान भरि उग्र रूप धारण करबा देलथिन। हुनक कहब

छलनि– एहि घरमे वा तँ हमरा राखह वा अपन ओहि पुतोहुकेँ जकरा देखि हम कखनो अपनअपमानकेँ नहि बिसरि सकब।'

विवाहक चारिम दिन जेना समधिनक हुकुम छलनि तेना वर-बरियातीक संग सत्याक विदाइ भऽ गेलनि। परंच नहि जानि सत्यासँ कतऽ गलती भेलनि जे हुनक भाग्यलक्ष्मी दुर्भाग्यक रूपमे परिवर्त्तित होअऽमे देरी नहि कयलथिन। भायक अपमानसँ तिलमिलायलि, धनक गौरवसँ फटैत विधवा दबंग सासु पुतोहुकेँ परिछब तँ दूर, तखनहिँ डोली उनटे घुमा देलथिन। बिना गृहप्रवेशक कनियाँक डोली घूरि गेलैक। सब अवाक् छल। घर-परिवार, कुटुम्ब ककरो साहस नहि भेलैक ओहि जमिन्दारिनी सासु ओ मामाक आगाँ मुँह खोलबाक। भरिया सब भूखल-पियासल बैसल रहल, केओ पुछनिहार नहि, सबकेँ भगा देल गेलैक। दहीक तौलाकेँ फोड़ि गधकिच्चनि कऽ देल गेलैक। तैयो ओहि पिशाच भाय-बहिनकेँ शान्ति नहि भेटलैक। नओ दिनक भितरे लगेपास गामक एकटा महादरिद्र परिवारक साधारण कन्यासँ राता-राती भागिनक पुनर्विवाह हेतु पाग बान्हि मामा चलि पड़लथिन आ रातियेमे बियाहि कनियाकेँ घरमे आनि लेलथिन। सत्याक वरक मुँहमे जीह नहि छलैक ओ माता ओ मामाक हाथक खेलौना छल। जेना हाँकि देलकैक तेना हँका गेल। अपरिपक्व, अज्ञानी अपना किछु सोचबाक सामर्थ्य नहि, एकमात्र रूपेटा छलैक ओहि वरमे।

एम्हर सत्याक डोली घुरि कऽ जखन दलानपर पहुँचलैक तँ घरसँ लऽ कऽ गाम भरिमे हाहाकार मचि गेलैक। ओकरापर विपत्तिक पहाड़ जेना टूटि कऽ खसि पड़लैक, तकर वर्णन करब सहज नहि छल। सात वर्ष धरि सत्याकेँ नैहरमे छोड़ि देल गेलैक। निमुँह धन गाय जकाँ ओ खुट्टासँ बान्हल रहलि।

पिताक अथक प्रयास ओ नाना विधि नैवेद्य देलाक पश्चात् पिशाचिनी सासु कनेक पघिलि, राजी भेलथिन विदा करयबाक लेल। पिताक पागक लाज बाँचि गेलनि। ढाकाक मलमलकेँ बाँसक चोँगामे राखि आर पशमीनाक दोशाला सासुक लेल पठाओल गेलनि। ओना ता धरि ओहि दुष्ट मामाक अन्त भऽ गेल छलनि। केओ दुश्मन हुनक आतंकसँ त्रस्त भऽ सौँसे देह गड़ाँससँ दकचि खेतक आड़िपर एकटा गमछा पहिरा छोड़ि देलकनि। पाँचो आँगुरक औँठी, चेन, घड़ी सब किछु छिनि-छानि छोड़ि लेलकनि।

सत्याक विदागरी भऽ गेलैक। दादीकेँ अपना बेटीपर भरोस छलनि। ओ बोल-भरोस देलथिन– तोँही राज करबह, सब दुखक अन्त होयतह। तेहन सोभाववाली छह जे पाथरो पानि भऽ जयतैक। तोरा आगाँ तँ ओ हाड़-मांसक बनल सासुए ने छथुन।'

सैह उमेद लऽ कऽ सत्या सासुर गेलि। घरमे पिताकेँ बड़ शान्ति भेटलनि। बेटीक विदागरीक किछु दिनक उपरान्त दू-तीन बेर पन्द्रहो दिनक लेल बजयबाक प्रयास कयलथिन, किन्तु सासु साफ मना कऽ देलथिन– हम बेराम रहैत छी तेँ विदा करबाक कोनो प्रश्ने नहि।'

दुइ वर्षक पश्चात् पटीदारीमे उपनयन छलैक। बड़ प्रयत्नक बाद सत्याकेँ विदा करा कऽ आनल गेलैक। किन्तु केहन विडम्बना जे सत्या एकदमे बदलि गेल छलि। बेटीक सहनशीलता रंग देखौलकैक। हँसब-बाजब सब जेना ओ बच्ची बिसरि चुकल छलि। बौक ओ सुन्न जकाँ ओ भऽ गेल छलि। चुपचाप सभक सुनय आ एक्को बेर मुँह नहि खोलय। माय कतबो सासुरक विषयमे पुछबाक प्रयास करथिन किन्तु ओ कोनो चर्च नहि करऽ चाहय। सुन आँखिसँ टकटक तकैत मुँहकेँ सीबि लेने छलि। सत्याकेँ अपना भायसँ बड़ सिनेह छलैक। विवाहक समयमे तँ ओ बड़ छोट छलैक।

आजुक समयानुकूल भायक योग्यतापर ओकरा बड़ भरोस छलैक। एकमात्र अंतरंग ओकर वैह भाइटा छलैक। भाइक देल शपथकेँ सत्या नहि टारि सकलि। ओकर हृदयक बान्ह टूटि पड़लैक। आखिसँ अविरल स्रोतक रूपमे बहराय लगलैक ओकर करुण कथा।

नओ दिन एकरासँ बाद बिआहलि सत्याक सौतिन ओ एकर दुनूक घरमे खबासिनोसँ बत्तर अवस्था छलैक। घरमे कतेको नोकर-चाकर छलैक, किन्तु ओ दबंग बूढ़ी दुनू पुतोहुक दुर्दशाक अन्त नहि रखने छलथिन। जतेक पुरान खबासिन सभक काज छलैक से सबटा एकरे सबपर छलैक। ओहो सब आब मनमानी करऽ लागल छलैक। विशाल हवेली छलैक। दिन भरि निपिया-पोतिया सबमे खटैत दुनूक खेनाइ-पिनाइ पर्यन्त मोहाल भेल रहैत छलैक। बूढ़ीक अपन फरमाइसी भोजन छलनि, बेटाक भोजन फराके– खोआ, छेना, खीर बनितय किन्तु सबपर नजरि राखऽ लेल खबासिनी छलैक जे कतहु ई दुनू सौतिनि खा नहि लैक, छोट घरसँ जे आयल छलि।

कनेको कमी भेने बूढ़ी गारि तँ पढ़िते छलथिन, हाथो उठयबासँ बाज नहि अबैत छलथिन।

मास दू मासमे एक बेर सब नोकर-खबासकेँ छुट्टी दऽ हवेलीकेँ बन्द कऽ कऽ तिजोड़ी, सन्दूक ओ तहखानाक साज-सम्हार करब, फेर लेबब-मूनब सब काजमे साँझ पड़ि जाइत छलैक। दुनू माय-बेटाक उपस्थितिमे भूखल-पियासल दुनू सौतिनि काज करैत छलि। बूढ़ी ओ बेटाकेँ फलाहार चलैत छलनि। जखन सब काज भऽ जाइक तखन अपनहिँ हाथे बूढ़ी दुनू पुतोहुक नूआ झाड़ि कऽ देखितथिन जे कतहु किछु चोरा-नुका कऽ तँ नहि रखने अछि।

सत्या कनैत भायकेँ कहलक– ओहि कालमे तोहर बहिनोइ तटस्थ भावेँ जखन चुपचाप दर्शक बनल देखैत रहैत छथुन तखन लगैत अछि सीता जकाँ शक्ति रहितय तँ धरती माताक आह्वान करितहुँ आ ओ फाटि अपना कोरमे लऽ लीतथि। अपमानक जहर पीबि एहि सबकेँ हम भवितव्य मानि लेने छी।

भायक हृदय ई सब कथा सुनि कऽ हाहाकार कऽ उठनि। आक्रोशसँ अपन दुनू मुट्ठीकेँ बान्हि विवशतासँ अपनहिँ माथकेँ देवालमे पटकऽलगथिन। सत्याक रंग एकदम झामर भऽ गेल छलैक। यद्यपि भाइक नव नोकरी छलैक तैयो ओ छुट्टी लऽ कऽ सत्याकेँ दरिभंगाक नीक डाक्टरसँ देखा जाँच करौलकैक तँ डाक्टर टी.वी.क बात बतौलकैक आ कहलकैक जे लम्बा टाइम धरि इलाजक जरूरति छनि।' भाइक जेना करेजे तँ बैसि गेलैक। दबाइ, सुइया, फल सब किछु लऽ कऽ इलाज सुरू भऽ गेलैक। भाइकेँ जखने समय भेटैक बहिनक सेवामे लागि जाइक। भाइक सिनेहक हाथ माथपर पबिते सत्याक आँखिसँ अविरल अश्रु प्रवाहित भऽ जाइक। सत्या कहियो भायकेँ जतसारिक सुनल एकटा गीत सुनौने छलि। कतेको बेर भाय पुनः ओहि गीतकेँ गयबाक आग्रह करैत छलैक, किन्तु दू पाँती गबिते दुनू भाय-बहिनक भावुक हृदय हहरऽ लागैक–

नौ मन कूटल भैया नौ मन पीसल  
नौ मन रसोइ वेहवार  
पिछली टिकड़िया हो भैया हमरो के भोजन  
ताहूमे कुकुर बिलाड़ि।"

लगैक जेना ओहि गीतमे सत्याक जीवनक सटीक वर्णन भेल होइक। एहिसँ आगाँ ने ओ गाबि सकय आ ने भाय सुनि सकैक।

सूर्यकान्त अपन माँकेँ सत्याक शारीरिक अवस्थाक सब स्थिति कहि बाबूजीसँ गप्प करबाक लेल अनुरोध कयलथिन– जँ एहि अवस्थामे सत्याकेँ सासुर पठाओल जयतैक तँ ओ नहि बाँचत। एतऽ किछु दिन राखि नीक जकाँ इलाज भेला उत्तर ओकरा सासुर पठा देल जयतैक।'

सूर्यकान्तकेँ पितासँ गप्प करबाक अपना साहस नहि छलनि किन्तु माय साहस कयलथिन बेटाक दबाबपर। ई सुनिते पिता तँ अग्निश्च-वायुश्च भऽ गेलथिन– बेटा तँ दू पाइक नोकरी पौने लबार भइये गेल अछि। कुल-खनदानक इज्जतिक कोनो परवाहि नहि छैक ओकरा, किन्तु अहाँक बुद्धि कोना भ्रष्ट भऽ रहल अछि संतानक प्रेममे ! अहूँक पिता तँ विदा कालमे वैह ने कहने छलाह– डोलीपर जाइ छेँ तँ अर्थीपर ओहि घरसँ बहार होइहेँ आ से अपना बेटी-बेटाकेँ नीक संस्कार नहि दऽ कऽ हमर जिनगीकेँ पतीत करबापर लागल छी दुनू माय बेटा ! ओकर सासु बेराम छैक, हम करार कऽ कऽ अनने छियैक।कोन-कोन धरानिसँ ओहि कालीदीन शुक्लाक हवेलीमे प्रश्रय पौने अछि अहाँक बेटी। आँखिक नोर नहि सुखाइत छल आ ताहि बेटीकेँ विदा नहि करबैक ! कहल जाइत छैक जे बेटी बियाहलहुँ तँ इनार उड़ाहलहुँ। आब ओकर लोक छैक जेना राखैक। ओकर जिम्मेदारी छैक। बुढ़िया बेसी दिन आब नहि जितैक। फेर तँ वैह रानी होयति धीरज तँ राखहि पड़तैक। बेटाकेँ बुझा देबनि मर्यादाक खेआल राखथि। परिवारमे एखन कुटुम्बलोकनि भरल छथि तेँ बेसी उतफाल नहि मचाबथि। बहिनक सिनेहक पाछू खनदानक संस्कारक किछु भाने नहि रहि गेलनि अछि।'

पुरुषक वर्चस्ववला दुनियाँमे स्त्रीगणकेँ मूक रहबाक अतिरिक्त दोसर कोनो उपाय नहि लिखने छथिन विधाता। उपनयनक घरमे साँझ धरि भीड़-भाड़ कम भऽ गेल छलैक। ओहि दिन सब केओ आग्रह कऽ कऽ शुक्लाजी अर्थात् सत्याक पतिकेँ रोकि लेलकनि। साँझ कऽ स्त्रीगणक समूहमे शुक्लाजीक कुर्सी आँगनमे लागल छलनि। गर्मी बेस छलैक, बड़का तारक पंखासँ खबास बसात झोलि रहल छलनि।

भोजनक तैयारी भऽ रहल छलैक। दादी अपनहिँसँ जमायक लेल मलपूआ

बना रहल छलथिन। तखने दरिभंगासँ फल-दबाइक झोड़ा लेने पसेनासँ भीजल सूर्यकान्त आंगनमे प्रवेश कयलनि। केओ स्त्रीगणमे सँ बाजलि– दुपहरेमे गेल छलथिन बौआ। सत्या दाइक मोन बड़ खराब छनि ने से दबाइ सब लऽ कऽ एखन अयलथिन अछि।'

एहिपर शुक्लाजी सहज हास्यक संग सारकेँ कहलथिन– अरे एतेक किएक परेशान होइत छी बच्चाजी ! स्त्रीगणकेँ बेसी दुलार देखिते हजार नकल-नखरा आरम्भ भऽ जाइत छैक।'

एतबा बात सुनितहिँ सूर्यकान्त दबाइक पोटरी हुनका समक्ष ओहि बीचमे पटकि क्रोधसँ थर-थर कँपैत चिकरैत बजलाह– साले तुम्हें छोड़ूंगा नहीं, तेरा हाथ-पाँव तोड़ दूंगा। तूँ ने मेरी बहन का प्राण ले लिया।'

ओ दौड़ल घरमे गेलाह और सभक रोकलोपर सत्याक सासु जे ओकरा टीनक छोट सन बक्सी संगमे देने छलैक, तकरा आनि कऽ झनाक दऽ शुक्लाजीक आगाँ पटकि देलथिन। ओहिमेसँ किछु पुरान चूड़ी, लहठी ओ एकटा रंग उड़ल नूआ सौंसे आंगनमे छिटा गेलैक। सूर्यकान्त जोर-जोरसँ चिकरऽ लगलाह– देखिये जमिन्दार साहब कैसे रखे हैं अपने बीबी को, यही है जमिन्दारी का ठाठ ! दू-दूटा खबास अपना लय, सब सुख-समृद्धि अपना लय, पत्नीकेँ रखबाक सामर्थ्य नहि। स्वार्थी छी अहाँ, नीच छी।'

शुक्लाजी तँ सपनहुँमे नहि सोचने छलाह। एहि अप्रत्याशित घटनासँ जेना ओ अवाक् रहि गेलाह। किछु देर तँ किंकर्त्तव्यविमूढ़ बनल रहलाह। मुँह सेआह पड़ि गेलनि। एहि अपमानसँ तखनहिँ रातिमे ओ सासुरसँ विदा भऽ गेलाह। सासु ओ ससुर पैर धरि पकड़ि कऽ माफी मँगलथिन अपना बेटाक उदण्डताक लेल, किन्तु ओ कोनो अवस्थामे रुकबाक लेल तैयार नहि भेलथिन। एम्हर सूर्यकान्त चुप्पहि तखनहिँ दरिभंगाक लेल विदा भऽ गेलाह। घरक लोक ओ सत्यासँ सामना करबाक हुनकामे साहस नहि छलनि। किछु भयंकरे बबंडर भऽ चुकल छलैक। एतेक पैघ घरक जमायकेँ बीच आंगनमे बैसा कऽ बेइज्जत करब साधारण बात नहि छल।

दोसरे दिन सत्याक सासुरसँ डोली लऽ कऽ खबास आबि गेलैक। बिमार सत्याकेँ सूर्यकान्तक परोक्षेमे पिताकेँ विदा कऽ देबऽ पड़लनि–हुनकर लोक छनि, जाहि विधिएँ रखथिन से हुनकर इच्छा।'

सत्या सासुर जाय काल सुन्न आँखिसँ चारू कात तकलक। भाइक अता-पता नहि छलैक मोनक लालसा भितरे रहि गेलैक। सूर्यकान्तक प्रस्ताव छलनि बिना पूर्ण रूपसँ इलाज करौने सत्याक विदाइ नहि होइनि, मुदा ताहि लेल सत्या सेहो तैयार नहि छलि।

सत्या सासुर चल गेलि बिना भाइसँ भेट कयने, किन्तु जा कऽ खाट जे पकड़लक तँ फेर उठि नहि सकलि। पहिने पिता तकरा बाद स्वयं सत्या। एक वर्षक भीतर दुनू गोटा दुनियाँसँ प्रस्थान कऽ गेलाह।

पछिला चारि दिनसँ दादी अस्पतालमे छलथिन। अवनीक माँ-बाबूजी अधिकांश समय अस्पतालेमे रहैत छलथिन। राधा दीदी ओ अवनी घरमे रहैत छलि। ओहि दिन अवनीकेँ सिविल सर्विसक रिटेन परीक्षाक रिजल्ट निकलऽबला छलैक। ओ भिनसरसँ ओम्हरे लागल छलि। दुपहरमे रिजल्ट लेनहि अस्पताल पहुँचलि आ विह्वल भऽ दादीक गरदनिमे लपटाइत बाजलि– देखू दादी, अहाँक सत्या बड़का अफसर बनि गेल। आब अहाँकेँ सेल्यूट करऽ पड़त।एखन हमर इन्टरभ्यू होयत, अहाँकेँ जीबऽ पड़त। अपन सत्याकेँ अफसर बनल देखबाक अछि अहाँकेँ। दादी आँखि खोलू ई रिजल्ट अहींक अछि। अहींक रिएक्सनक रिजल्ट अछि। पुरुषक वर्चस्वक बीच अहाँ अपन अवनीकेँ अफसर बना लेलहुँ। एखन हमर इन्टरभ्यू बाँकिये अछि, हमरा छोड़ि कऽ अहाँ नहि जा सकैत छी।'

अवनीक विकलता देखि ओहि ठामक नर्स टैक्नीशियन सभक आँखि भरि अयलैक। अवनीक बाँहिमे दादी महाप्रयाण कऽ गेलथिन।बाबूजी अवनीक पीठ हँसोथैत कहलथिन– अपन परिवारक सब सदस्य मने तोहर माँ, राधा आ हमरा सभक लक्ष्य पूर्ण भेल, किन्तु टीम कमान्डर दादी तोरा सैल्यूट दऽ कऽ प्रस्थान कऽ गेलथुन। हिम्मत रखबाक छौक। दादीक आशीर्वाद तोरा आ हमरा सभक संग अछि।'

अवनी ट्रेनिंग समाप्त कऽ कऽ पन्द्रह दिनुक छुट्टीमे घर आयल छलि। एतेक दिन धरि कहियो घरसँ दूर नहि रहल छलि। घरमे खुसीक वातावरण छलैक। राधा दीदीक लेल ओ बड़ सुन्दर सिल्कक साड़ी ओ गरदनि तथा कानक मोतीक सेट अनने छलि। माँ बाबूजीक हेतु सेहो बढ़ियाँ गिफ्ट छल। सब गोटा प्रसन्न छलाह।

ओहि दिन भिनसरे सब गोटा वरंडापर बैसल रहथि। चाहक कप राधा दीदी सभक हाथमे दऽ रहल छलि, तखनहिँ एकटा सुदर्शन युवक आबि सूर्यकान्त एवं अनुराधाक पैर छुबैत बाजल– अपने हमर मामाजी भेलहुँ। हमर नाम नन्दलाल शुक्ला अछि। हमर पिताजीकेँ तीन बेर हार्ट अटैक भऽ गेलनि अछि। एक अंगमे लकवा सेहो मारि देने छनि। डाक्टर घर लऽ जयबाक परामर्श देलकनि अछि। ओ अपनेक नामक रट लगैने छथि। एक बेर अन्तिम कालमे अपनेसँ भेट करऽ चाहैत छथि। हमरो आग्रह अछि। भेट कऽ लितियनि तखन गाम लऽ जइतियनि।'

अनुराधा चाह पीबाक आग्रह कयलथिन तँ ओ तुरन्त बैसि गेल। ओ युवक बाबूजीसँ जिज्ञासा कयलकनि– ई अवन्तिका बहिन भेलीह ने? इलाका भरिमे लोक हिनकासँ गौरवान्वित होइत अछि। कुल-खानदानक दीपक छथि। ई पहिल लड़की छथि जे आइ ए.एस.क टौपर छथि।'

अनुराधा घुनघुना कऽ कहलथिन– बड़ लऽतवला छथि ई सुदर्शन युवक। भरिसक शुक्लाजीक ई दोसर पत्नीक बेटा छथिन।'

सूर्यकान्त स्नानक हेतु चल गेलाह। अवनीक मोनमे उत्कण्ठा भेलैक जे कथाक आखरी सीन देखिये लेबाक चाही। ओहो तुरन्त तैयार भऽ गेलि बाबूजीक संग जयबाक लेल।

बेडपर पड़ल ओहि अशक्त रोगीकेँ केओ जोरसँ कानमे कहलकनि– सूर्यकान्तबाबू अयलाह अछि।'

सूर्यकान्त पैर छूबि लगमे बैसि गेलथिन। ओ रोगी अपन थड़थड़ाइत शरीरकेँ उठयबाक प्रयास करऽ लगलाह, सूर्यकान्तक माथकेँ हाथसँ स्पर्श करैत अस्पष्ट भाषामे बजबाक प्रयास करैत ओ कहलथिन– बच्चा अहाँसँ बिना माफी मँगने हम कथमपि मुक्ति नहि पाबि सकब। अहाँक बहिनिक हत्यारा छी हम। माफ कऽ दिअऽ भाइ। अहाँ हमर आँखि खोलि देलहुँ, किन्तु सत्या हमरा नहि माफ कऽ सकलीह। हुनका जयबाक पश्चात् जिनगीक कोनो एहन पल नहि बीतल होयत जखन अहाँक अपमानक चाबुकसँ हम लिधुरे-लिधुरान नहि भेलहुँ। आब हमरा अन्तिम समयमे माफ कऽ दिअऽ।'

सूर्यकान्त हुनका माथकेँ अपना कोरमे राखि लेलथिन। पश्चात्तापक अविरल नोरक धार हुनका आँखिसँ बहि रहल छलनि। ओतऽ जे लोक छल सभक आँखि भरि आयल छलैक।

अवनीक मोनमे एकटा टीस जकाँ उठलैक– कदाचित् आइ सत्या दीदी पुरुषक अहंकारकेँ पश्चात्तापक अग्निमे एहि तरहेँ जरैत देखि सकितथि? अवनीकेँ मोन पड़ि गेलैक जे दादी ओकरा कहैत छलथिन– अहाँ तँ सत्याक प्रतिरूप छी।'

'हँ, दादी हम बुझैत छलहुँ। हमर शिक्षा सदैव सत्याक करुण स्थितिक प्रतिकारक रूपमे प्रेरित करैत रहैत छल। किन्तु हमरा ओ सत्या दीदीमे बड़ पैघ अन्तर अछि दादी। ओ अन्तर अछि हुनकामे स्वाभिमानक कमी छलनि किन्तु हमर शिक्षा हमरामे स्वाभिमानक दर्प भरि देने अछि।'

'बेटी अवन्तिका ! अहाँ आबि अन्तिम समयमे हमरा धन्य कऽ देलहुँ। कुल, परिवार, कुटुम्ब सब अहाँसँ अनुगृहीत अछि, गौरवान्वित अछि।'

अवनी ठेहुनक भरेँ पीसाजीक सिरहनामे बैसि हुनक माथकेँ सोहराबऽ लागलि। आइ हुनकामे ओकर आजुक बदलल समयक पुरुषक चरित्र देखबामे अयलैक ओ अपनामे स्वाभिमानिनी किन्तु क्षमाशील नारीक दर्प, जे क्षमादानक हेतु अग्रसर रहैत अछि। जे कान्हसँ कान्ह मिला प्रत्येक क्षेत्रमे मित्र बनि पुरुषक पूरक बनऽ लेल तत्पर अछि। किन्तु दासी ओ खबासिन कथमपि नहि अछि ओ। मिथिलाक कतेको घरमे सत्याक कमी नहि छल, किन्तु समय आब सत्याकेँ अवनी सन परिवर्त्तित रूपमे देखि रहल छल।

●

# अष्टम् सर्गसँ आगाँ

आकुल हृदय कवि कालिदास सरोवरक घाटपर वटवृक्षक सहारा लेने बैसल, घोर चिन्तनमे निमग्न छलाह। लुकझुक साँझ भऽ गेल छलैक। कविक अन्तरमे प्रश्नपर प्रश्न उमड़ि-घुमड़ि रहल छलनि, किन्तु ओ उत्तर नहि पाबि रहल छलाह। उद्विग्न हृदय बैसल, किछु सुधि-बुधि नहि, मात्र विचारक उहापोह, किंकर्त्तव्यविमूढ़क स्थितिमे पड़ल छलाह।

कविक समस्या छलनि जे ओ कुमारसम्भव महाकाव्यक आठम सर्ग धरि पूरा कऽ चुकल छलाह। परंच कुमारसम्भवक शाब्दिक अर्थ छल कुमार द्वयक जन्म। कुमारक अर्थ छल कार्त्तिकेय एवं गणेश। एहि महाकाव्यमे कविक उद्देश्य छलनि पार्वतीक घोर तपस्याक फलस्वरूप शिवमे प्रसन्नताक अभ्युदय, ततःपर शिवक हृदयमे पार्वतीक प्रति प्रेमक उद्‌गम, तत्पश्चात् शंकर एवं पार्वतीक परिणय एवं मिलन जाहिमे कुमारक जन्म निहित छल। आब कविक हृदयमे प्रश्न उठैत छलनि जे साक्षात् देवाधिदेव महेश्वर एवं जगत् जननी पार्वतीक मिलन भेलाक उपरान्त काव्य तँ पूर्ण भऽ जयबाक चाही कारण सन्तानक समक्ष माता-पिताक बीचक शृंगार-रस, प्रेम क्रीड़ा, रोमान्सक वर्णन करब कविक लेल उचित नहि होइतनि। नायकसँ नायिकाक मिलनक पश्चात् तँ कविकेँ अपनहुँ उपस्थिति कठाइनि सन बुझना जाइत छलनि, किन्तु कुमारक जन्म जे निहित कयल गेल छल से महाकाव्यक अवश्यम्भावी अंश छल। एहि स्थितिमे कविक अन्तरात्मासँ जे उठल प्रश्न सब छलनि तकर किछु समाधान नहि भेटि रहल छलनि। ओ कोनो निर्णय नहि कऽ पाबि रहल छलाह। चिन्तनक प्रवाहमे डूबल कविकेँ समयक कोनो सुधि नहि रहि गेल छलनि। हठात् कविक ध्यान भग्न भेलनि। सरोवरक जलमे नवयुवती वृन्दक सम्मिलित खिलखिलाहटिक स्वर सुनि, सचेत भऽ अकानऽ लगलाह। मुदा किछु भान नहि भेलनि जे ई युवती लोकनि कखन घाटसँ होइत जलमे प्रवेश कयलनि। पुनः कर्णारन्ध्रमे स्वर सुनाइ पड़लनि– सखी! आइ आषाढ़क प्रथम दिवस छैक !'

दोसर स्वर- हँ हँ, 'आषाढ़स्य प्रथम दिवसे मेघ माश्लिष्ट सानु वप्र क्रीड़ा परिणत गज प्रेक्षणीयं ददर्श।'

अर्थात् अषाढ़ मासक पहिल दिन पहाड़क चोटीपर झुकल मेघकेँ देखि विरही यक्षकेँ ओहिना भान होइत छनि जेना जलक्रीड़ामे मग्न हाथी कल्लोल कऽ रहल होअय...।'

पुनः हँसीक स्वर आ संगहि केओ बजलीह– किन्तु सखी, कवि कालिदासक ई मेघ की विरही यक्षक संवाद लऽ कऽ अलकापुरी नहि जयतनि ?'

कालिदास लज्जा एवं अपराधबोधसँ ग्रस्त भऽ उठलाह–एह, बड़ पैघ अपराध भऽ गेल। एना जँ चोर जकाँ बैसल केओ देखत तँ लम्पटे ने बूझल जायब !'

अन्हारक सहारा लैत ओ शनैः शनैः आगाँ बढ़ि गेलाह। आब निरुद्देश्य उज्जयिनीक संकीर्ण विथिमे अकारण बौआइत हुनक मस्तिष्कमे प्रश्नक उहापोहक बवंडर सनक स्थिति उत्पन्न भऽ रहल छलनि। फूही फाहीक फहसँ भीजि रहल छलाह तथापि शरीरक किछु सुधि नहि छलनि। हठात् जेना किछु मोन पड़लनि– महाविदुषी नगरवधू देवी प्रियदर्शिका ! हुनकासँ अवश्ये समस्याक किछु समाधान भेटि सकैत अछि। हमर प्रश्नक उत्तर हुनकहिसँ सम्भावित अछि।'

बस चलि पड़लाह झटकल नगरवधू प्रियदर्शिकाक भवन दिस। ने तँ दूरीक आभास छलनि आ ने रात्रि कतेक भऽ गेल छल तकर कोनो अनुभूति! मध्य रात्रि भऽ रहल छलैक, भवनक रक्षक सब चिन्हैत छलनि तेँ प्रवेश करबासँ रोकलकनि नहि।आगन्तुकक नामक संवाद भेटिते प्रियदर्शिका रात्रिक वस्त्रेमे शीघ्र अयलथिन। दासी पीठिका आनि बैसवाक लेल देलकनि आ कहलकनि– आसन ग्रहण करू भट्ट।'

तत्पश्चात् प्रियदर्शिका आश्चर्यचकित भेलि अधीरतासँ पुछलथिन– भट्ट! एतेक रात्रिमे वृष्टिसँ समस्त शरीरक संग भीजल उत्तरीय! एहन उद्वि ग्न अवस्था, कोनो विशेष प्रयोजन भट्ट? सब कुशल तँ अछि ने?'

आब कालिदास अपनाकेँ किछु संयत करैत कहलथिन—एकटा कठिन प्रश्नसँ मोन उद्विग्न भेल अछि देवी, जकर उत्तर अहीँसँ सम्भावित अछि, सैह आश लऽ कऽ अहाँक समक्ष आयल छी।'

'प्रश्न कहू भट्ट, जँ हम सक्षम भऽ सकलहुँ तँ अपनाकेँ धन्य बुझव।'

'अवश्य देवी। हमर प्रश्न अछि जे नायक-नायिकाक विवाह ओ मिलनक पश्चात् यदि काव्यक अभीष्ट अपूर्ण रहय तखन हुनक प्रेम, श्रृंगार रससँ परिपूर्ण प्रेम-अनुरागक बीच कविक की कर्त्तव्य? पति-पत्नीक मिलनक पश्चातो हुनक सफल दाम्पत्य जीवनक वर्णन कविक काव्यक उद्देश्य अछि, किन्तु महाकाव्यक सम्पूर्णताक लेल बीचमे कविक प्रवेशक औचित्य अछि वा नहि, सैह प्रश्न मोनकेँ उद्विग्न बनौने अछि। किछु निर्णय नहि लऽ पाबि रहल छी।'

प्रियदर्शिका प्रश्न सुनि किछु गम्भीर होइत कहलथिन– भट्ट ! एहि प्रश्नक उत्तर अहाँकेँ स्वयं अपन भट्टनीसँ सम्भव अछि, वैह एहि प्रश्नक उत्तर दऽ सकैत छथि। घर जाउ भट्ट, रात्रि अधिक भऽ गेल अछि।'

दासी जलक पात्र जे अनने छलि, तकरा ओहिना छोड़ि तत्काले कवि उठि चलि पड़लाह। मेघक टिपटिप माथपर पड़ि रहल छलनि। झटकल आगाँ बढ़ि रहल छलाह, प्रश्नक उत्तरक प्रतीक्षा छलनि। मोनमे सोचि रहल छलाह जे प्रेमक प्रतिरूप सौन्दर्यमे नहि अपितु तपस्यामे निहित छैक। भट्टिनी जागलि प्रतीक्षा करिते होयतीह।

कालिदास भिजैत-तितैत गृहद्वारसँ आंगनमे प्रवेश कऽ कऽ ठाढ़े भेलाह कि पत्नी फुफकारैत क्रुद्ध स्वरेँ फटकारैत पुछलथिन– रात्रिक तेसर प्रहर भऽ रहल अछि, एखन सुधि भेटल अछि घर अयबाक! जाउ, जाउ, ओही वारवनिता नगरनट्टिनी नगरवधू प्रियदर्शिकाक घर जाउ। एतऽ कतऽ आयल छी? लम्पट, परस्त्रीगामी ! धिक्कार अछि अहाँकेँ, धिक्कार अछि!'

आरो बहुतो रास उपालम्भ दैत ओ धड़ाकसँ केबाड़क पट्ट बन्द कऽ लेलथिन। कवि भीजैत आंगनमे वहुत काल धरि ठाढ़ रहलाह। विचारक आवागमन होअऽ लगलनि। विवाहेसँ सफल दाम्पत्य जीवन अनिवार्य नहि भऽ जाइत छैक। प्रेमक लेल तपस्या चाही। नायक-नायिकाक सफल दाम्पत्य जीवन दरसायब तँ काव्यक अभीष्ट अंश छैक।

कविकेँ अपन प्रश्नक उत्तर भेटि गेल छलनि। तत्पश्चात् अन्हारेमे टटोलि आलासँ दीप प्रज्ज्वलित कऽ कऽ बैसि गेलाह आ लेखनी चलि पड़लनि। शिव-पार्वतीक सफल दाम्पत्य जीवनक एकान्त मिलन, काम क्रीड़ाक श्रृंगारिक वर्णनमे जाहिमे पार्वतीक पुत्र कुमार द्वय कार्त्तिकेय एवं गणेशक जन्म निहित छलनि।

एहि प्रकारेँ कुमारसम्भव महाकाव्य सम्पूर्ण भऽ सकल।

# वैदेहीक स्वाभिमान

लक्ष्मण शयनकक्षक गवाक्षमे उर्मिलाक प्रतीक्षारत भेल किछु उद्विग्न जकाँ ठाढ़ छलाह। मुदा तखनहिँ उर्मिलाक पदचाप सुनिते ओ प्रश्न कयलथिन– उर्मिले, शयनकक्षमे अयबामे आइ एतेक विलम्ब किएक ?' सहास्य मुस्कुराइत कहलथिन– आन दिन तँ हमहीँ विलम्ब रहैत छलहुँ। राम भैयाक सेवामे रहलहुँ तखन अहाँ प्रतीक्षारत रहैत छी। किन्तु आइ तँ अहाँक प्रियतमे बाट देखि रहल छथि।'

'नहि नाथ ! आइयो अहाँ विलम्बे छी।'

'हँ हँ, आइ माता सुमित्राक कक्षमे किछु समय लागि गेल। माताक चरणमे किछु काल बैसबाक सुयोग भेटल, कारण राम भैया किछु शीघ्रे अपन शयनकक्षमे चलि गेलाह। आदेश भेल जे लक्ष्मण जाउ माता सुमित्रा एखन जागल होयतिह तँ हुनक आशीर्वाद लैत अपन कक्षमे जायब।'

उर्मिला तखनो अप्रतिभ जकाँ ठाढ़े छलीह। लक्ष्मण हाथ पकड़ि कहलथिन– आउ प्रिये ठाढ़ किएक छी, शय्या पर आउ।'

उर्मिला अकबकाइत जेना चेतनामे अयलीह किन्तु हाथ छुबिते पूछलथिन– हाथ एहन सर्द किएक अछि? अहाँ तँ काँपि रहल छी, मुखक कान्ति विवर्ण भेल अछि, किछु अकथ कथा भेल की ?'

'हँ प्रिय, किछु अकथे भेल, जे हम अहाँकेँ सुना रहल छी। हम अहाँक प्रतीक्षारत बैसले छलहुँ तँ मोनमे भेल अहाँ तँ एखन राम भैयाक सेवामे निरत होयब तेँ किछु काल शयनकक्षक पाछाँक परिसरमे समय बिता आबी। शनैः शनैः चलैत आगाँ बढ़लहुँ तँ राम भैयाक कक्षक उद्यानसँ अबैत हरसिंगारक मदमोहक सुगन्धिसँ मोन मुग्ध भऽ उठल आ संगहि मोन पड़ि गेलीह सीता बहिन। एहि पुष्प केँ वैह अपना समक्ष लगौने छलीह। किछु काल ओतऽ ठाढ़े रहि गेलहुँ। किन्तु अकस्माते कर्णरन्ध्रमे ई स्वर कतऽसँ आयल

से अकानऽ लगलहुँ। ई तँ राम भैयाक शयनकक्षक गवाक्षसँ करुण प्रलापक स्वर आबि रहल छल, पैर रोकि नहि सकलहुँ। यद्यपि ई परम अपराध छल, तथापि हुनक शयन कक्षक गवाक्षक बगलमे अकानइत ठाढ़ रहलहुँ। राम भैया भूमिमे लोटल सिसकि-सिसकि विलाप कऽ रहल छलाह– हा वैदेही ! हम घोर अपराधी छी, अहाँक त्याग कऽ कऽ अक्षुण्ण अपराध बोधसँ ग्रस्त भेल तड़पि रहल छी। समय व्यतीत भऽ रहल अछि अवश्य किन्तु एहि मध्य एकान्तक एक्को क्षण मे की हमरा हृदय आ मानससँ अहाँ दूर रहि सकलहुँ ?

'हँ, सीते ! मर्मस्थलमे लौह तीर छिद्र कऽ रहल अछि, हृदयकेँ काटि रहल अछि, तीव्र शोक-शंकु सहन नहि भऽ रहल अछि। अन्तःकरणक विक्षोभक संवरण नहि कऽ पाबि रहल छी। उमड़ैत करुणाक प्रवाहकेँ जतबे रोकैत छी, अन्तर्तमकेँ चीरि ओ ततबे बाहर निकलि रहल अछि। सीते अहाँ कतऽ छी? एहि गर्भावस्थामे अनाथ जकाँ कतऽ होयब? कोना होयब? हाय जानकी, वियोगक अग्निमे हम दग्ध भऽ रहल छी। हृदय विदीर्ण भऽ रहल अछि। धिक्कार अछि हमरा। हम प्रिया रहित भऽ एखनो जीवैत छी। राजधर्मक पालनमे पत्नी धर्मक तिलांजलि दऽ देलहुँ। तृण जकाँ त्यागि मृदु मृणाल कल्प शरीरकेँ अरण्यचर जीवक आगाँ फेकि देलहुँ। जानि नहि एखनो अहाँ बाँचल छी वा नहि ! राज्यमे अश्वमेध यज्ञक तैयारी भऽ रहल अछि। ओहि यज्ञमे हमर सहधर्मिनी जानकीक स्वर्णप्रतिमा हमरा संग रहत, किन्तु जानकी तँ हमर हृदयमे बैसल छथि। हुनक प्रतिमाक की आवश्यकता ?'

'प्रलाप हुनक बढ़ले जाइत छलनि, आब हम ओहि ठाम रुकि नहि सकलहुँ एक्को क्षण। हुनक अवस्था देखि करेज जेना मुँह कऽ आबि रहल छल। बस कम्पित पैरे कोनहुँना अपना कक्षमे आबि रहल छी।'

उर्मिला हिंचुकि-हिंचकि कऽ कानऽ लगलीह। लक्ष्मणक आखिसँ दहो-बहो नोर खसि रहल छलनि। पुनः अपनाकेँ आश्वस्त करैत लक्ष्मणकेँ कहलथिन– किन्तु प्रिय, आइ हम अहाँक समक्ष स्वीकार कऽ रहल छी जे राम भैयाक पश्चात्ताप देखि बड़ पैघ बोझ जे दिन-राति हमरा करेजपर पड़ल छल ओहिसँ निवृत्ति भेटल। ओ अहाँक आराध्य देव छथि तेँ अपन मोनक भाव अहाँक समक्ष आइ धरि कहियो प्रकट नहि कयलहुँ। हम राम भैयाकेँ माता कैकेइसँ कनेको कम अन्यायी नहि मानैत छलियनि। संसारक समक्ष माता

कैकेइ पतिहंता नामे जानल जाइत छथि तँ राम भैयाकेँ हम हुनकासँ कम पाषाण-हृदय नहि मानैत छलियनि। निर्दोष सीताकेँ बिना कोनो अपराधे दोसर वनवासक दण्ड दऽ देलथिन जकर कोनो अवधि निर्धारित नहि अछि।'

'लक्ष्मण ! अपराधी तँ अहूँ कम नहि छी। राम आराध्यदेव छथि तँ सीता बहिनकेँ सेहो तँ अहाँ सीता माता कहैत छलियनि ने ! किन्तु हाय रे पुरुष हृदय! अहाँ कोना असहाय अनाथावस्थामे घनघोर अरण्यमे हुनका छोड़ि रिक्त रथ लेने अयोध्या घूरि अयलहुँ? नाथ कोना करेज स्थिर रहल अहाँक! राम भैयाक विरोध तँ अहाँ कइये सकैत छलियनि। आज्ञाकारी भऽ कऽ हुनक जघन्य अन्यायमे सहयोग दऽ अपराधक भागी रहलहुँ अहाँ। हम मूक रहि सबटा देखैत रहलहुँ, किन्तु अन्तर तँ जरिते रहल। मोनमे वितृष्णा रहितो अहाँक समक्ष हस्तक्षेप करब उचित नहि बुझना गेल।'

लक्ष्मणक आँखिसँ अविरल नोर बहि रहल छलनि। ओ बजलाह-- उर्मिले ! हम अहाँक अपराधी अवश्य छी जे अपन व्यथा कथाक सम्बन्धमे अहाँक संग कोनो विमर्श नहि कयलहुँ, कारण अहाँक लेल ई सब सुनब बड़ कष्टकर होइत। किन्तु प्रिये, आइ हम समस्त वृत्तान्त अहाँक समक्ष प्रकट करब जाहिसँ हमरा हृदयकेँ सान्त्वना भेटत ।

'ओ भयानक अशुभ अभिशप्त दिन छल जखन राम भैयाक आदेशसँ हम, भरत ओ शत्रुघ्न हुनका समक्ष उपस्थित भेलहुँ। राम भरतकेँ कहलथिन– हम आइ अहाँ सबकेँ बजौने छी, कारण आइ धरि अयोध्याक राजसिंहासनकेँ सुव्यवस्थित रूपसँ चलयबामे अहाँ तीनूक सहयोग रहल अछि। अहाँ सब जनैत छी जे राजाक चरित्र ओ धर्मपर जखन धरि प्रजाक आस्था रहैत छैक तखने धरि राजा आदरणीय रहि सकैत अछि। राजा यदि प्रजारंजक नहि अछि तँ ओकरा सिंहासनपर बैसवाक कोनोटा अधिकार नहि रहि जाइत छैक।'

राम भैयाक गरा भरि अयलनि। ओ कहलनि– हमरा विश्वस्त गुप्तचरसँ पता लागल अछि जे नगरक किछु वर्ग जे अवांछित अछि, निकृष्ट षड्यन्त्रकारी अछि से हमरा विरुद्ध दुष्प्रचार कऽ रहल अछि। अयोध्याक प्रजाक एहन तीव्र बज्रप्रहारसँ हम विचलित छी।'

ओ कनेक आश्वस्त होइत पुनः बजलाह– वैदेहीक लंका निवासक प्रसंग जे अद्भुत रूपेँ शान्त भेल छल से आइ फेर माथ उठा कऽ प्रचारित भऽ

रहल अछि। हमरा लेल आइ संसार नरक बनि गेल अछि। रामक जीवनक प्रयोजन जेना समाप्त भऽ गेल छनि। आब तँ ई लोक हमरा लेल निर्जन वनक समान बुझना जाइछ। उपायहीन भेल छी ! की करू आब? मित्र सुग्रीव, आज्ञाकारी हनूमान, उपकारी लंकापति विभीषण किनको सहायता नहि लऽ सकैत छी जाहिसँ वैदेहीकेँ उबारि सकियनि ! एहन घृणित कलंक, एहन आरोप सीतापर ! किन्तु हम विवश छी आइ। हमर पिता राजा दशरथ हमरा ओ अपन प्राणकेँ त्यागि धर्मक पालन कयलनि। लोक श्रेष्ठ सूर्यवंशी राजा सब जाहि निष्कलंक शुद्ध राज चरित्रकेँ प्रदीप्त रखलनि, से आइ हमरा कारणे जँ एहन दूषित भावना प्रजामे छैक तँ धिक्कार अछि हमरा। विषय वज्र जकाँ कठोर ओ विचारणीय अछि तेँ हम जे निर्णय कयलहुँ अछि ताहिमे अहाँ सभक समर्थन चाही।'

हम अपना स्थानसँ ठाढ़ होइत कहलियनि– भैया अहाँ कथमपि चिन्ता नहि करू। एहि कुचालिक उत्तर सब षड्यन्त्रकारीकेँ ओही प्रकारेँ देल जयतैक।'

'लक्ष्मण अहाँ हमरा बुझबाक प्रयास करू। अहाँ तँ सबटा जनैत छी। चौदह वर्षक वनवासक अवधिमे हमर प्रतिच्छाया बनि, संग रहि अहाँ हमरा दुनू गोटाक सब घटनाक साक्षी छी।

वनमे रावणक संग संग्राम जितलाक बाद सभक समक्ष सीता अपनाकेँ अद्भुत रूपेँ निष्कलुष सिद्ध कयने छलीह। अग्निमे प्रवेश कऽ अवाध्य रूपसँ बाहर आबि गेल छलीह। ओ समस्त राक्षस, वानर समुदाय, समस्त साधु-संन्यासी, अग्नि, वायु, सूर्य, चन्द्रमा सभक समक्ष साक्ष्यमे सिद्ध कयने छलीह जे ओ रावणक राज्यमे रहितो निष्कलंक ओ निष्कलुष छथि। आ सबसँ पैघ हमर आत्मा जनैत अछि, अखण्ड विश्वास अछि जे सीता निष्पाप ओ निष्कलुष छथि। आइ राम, राम नहि रहि एहि अक्षुण्ण सिंहासनक रक्षक छथि तेहनामे लांछित सीताक चरित्रक प्रचारसँ एहि सिंहासनपर लांछना कोना लागऽ दऽ सकैत छी ! तेँ हमर कठोर निर्णय जे जनकनन्दनी, अपना जन्मसँ पृथ्वीकेँ पवित्र करऽवाली, अग्निसँ परिशुद्ध देवीकेँ अनन्त कालक हेतु अरण्यवास करऽ पड़तनि तखने अयोध्या अखण्ड रहि सकैत अछि।'

हम हाथ जोड़ि भैयाक आगाँ ठाढ़ होइत कहलियनि–भैया, निरीह सीता माता जे पवित्र ओ निष्पाप छथि, अयोध्याक रानी, सूर्यकुलक वधू, प्रजापालक रामक भार्या तनिका अक्षम्य अपराधी बना त्याग करब अक्षम्य अपराध थिक। हम सब जनैत छी जे सीता माता निष्कलुष छथि। से कोना न्यायोचित भऽ सकैत अछि? एहन कठोर निर्णय!'

राम गम्भीर होइत बजलाह– लक्ष्मण हम जनैत छी जे प्रजामे जे लोक दुर्जन अछि वैह इक्ष्वाकु वंशकेँ निन्दाक पात्र बनौने अछि। अग्नि-शुद्धिक अद्भुत कार्य जे देवी सीता कयने छलीह से सुदूर स्थानपर छल। ओकर विश्वास ककरा करयबैक? के विश्वास करत? तेँ हमरा एहन नृशंस निर्णयक अतिरिक्त कोनो दोसर उपाय नहि। हम वज्रादपि कठोर निर्णय लऽ कऽ अपन प्रिय गृहलक्ष्मी पत्नीक परित्याग कऽ कऽ अरण्यचरक आगाँ बलि बना कऽ त्यागि रहल छी। से ओहि कालमे जखन ओ गर्भावस्थाक असह वेदनाक अवस्थासँ गुजरि रहलि छथि।'

किछु काल बाद विचलित भेल ओ पुनः बजलाह– लक्ष्मण आब अहाँ एक्को बेर कथमपि किछु नहि बाजू। जँ अहाँ किछु कहब तँ हम अहाँकेँ अपन विरोधी बूझब। जँ अहाँकेँ हमरासँ प्रेम अछि तँ हमर निर्णयकेँ अकाट्य बूझि हमर आज्ञाकेँ मानू।'

किछु काल आँखि मूनि ओ ठाढ़ रहलाह, तत्पश्चात् मन्द स्वरमे आज्ञा देलनि– काल्हि सकाले रथ तैयार करू। सीताक इच्छा छलनि गंगाक तीरपर बराल साधु-संन्यासी लोकनिक आश्रम पुनः देखबाक। अहाँ हुनक एहि इच्छाकेँ अवश्य पूर्ण करबनि। समस्त ओहि स्थानक भ्रमण करा तत्पश्चात् अरण्यक बीच वाल्मीकि आश्रमक लगपास आनि हमर हुनका लेल वनवासक आज्ञा सुना हुनका ओतऽ छोड़ि शीघ्रातिशीघ्र अयोध्या घुरि आउ।'

लक्ष्मणक आँखि निर्झरिणी जकाँ अबाध्य गतिसँ बहि रहल छलनि– उर्मिला, जनैत छी जखन समस्त आश्रमक दर्शन एवं गंगा दर्शनक पश्चात् अश्रुपूरित आँखिसँ हुनका लेल राम भैयाक आज्ञा वनवासक हेतु सुनौलियनि तँ से सुनिते ओ अचेत भऽ भूमिपर खसि पड़लीह आ हम किंकर्त्तव्यविमूढ़ न ययौ न तस्थौ ठाढ़ रहलहुँ। किन्तु किछुए कालमे जेना सुधि घुरि अयलनि, सचेत होइत उठि बैसलीह। हमरा सान्त्वना दैत कहलनि– लक्ष्मण अहाँ हमरा लेल नहि कानू।

रामक आज्ञा छनि तँ हम असाध्य दुख काटब, किएक तँ हम रामसँ प्रेम करैत छियनि। प्रेममे प्रश्न नहि होइत छैक। जँ ओ हमर त्याग कयलनि अछि तँ अवश्य अयोध्याक हितमे हमर परित्याग उचित बुझना गेल होयतनि।'

सीता माता हमर असमर्थताकेँ देखि बजलीह– अहाँ रामक आज्ञाक पालन करिऔन। जाउ लक्ष्मण अयोध्या घुरि जाउ।'

फेर भरल आँखिए हमरासँ प्रश्न कयलनि– लक्ष्मण अहाँ एतेक तँ हमरा कहने जाउ, जँ आश्रमक कोनो स्त्री हमरासँ पुछतीह जे कोन अपराधक कारणे राम अहाँकेँ त्यागि देलनि तखन हम की उत्तर देबनि ?'

हुनक प्रश्नपर हम सन्न रहि गेलहुँ। समस्त संसार जेना हमरा समक्ष चकरघिन्नी काटि गेल, कसि कऽ रथक सहारा लेलहुँ।

'लक्ष्मण, आब हमरा लेल एकेटा सहज उपाय अछि– आत्महत्या। एही ठाम एखने गंगाक जलमे कूदि प्राण त्यागि दी आ सब परितापसँ मुक्त भऽ जाइ, किन्तु भरिसक अहाँ अनभिज्ञ होयब बौआ लक्ष्मण ! एहि समयमे हम गर्भावस्थासँ गुजरि रहल छी, तेँ हमरा लेल इहो सम्भव नहि अछि। हम अपन हत्या तँ कऽ सकैत छी किन्तु सूर्य कुलक वंशज राजा रामक प्रेमक प्रतीककेँ कोना समाप्त कऽ सकैत छी? तेँ घोर अन्धकार अछि हमरा समक्ष ! किन्तु अन्तरक एहि वेदनाकेँ सहि हम प्रतिबद्ध छी। हम अपना संतानकेँ जन्म देब।'

हम सीता माताक शान्त मुखमण्डलकेँ मूक भेल देखैत रहि गेलियनि। स्वाभिमानिनी सीताक मुखमण्डलपर कोनो क्रोध नहि, कोनो आवेग नहि। दृढ़ स्वरेँ ओ पुनः कहलनि– हम प्रतिबद्ध छी लक्ष्मण अपना कुक्षिक संतानकेँ अवश्य जन्म देब।'

हमरा मुँहसँ किछुओ सान्त्वनाक शब्द नहि बहरा सकल।

'अहाँ घुरि जाउ लक्ष्मण, मुदा रामकेँ हमर एकटा समाद कहि देबनि। ओ प्रजारंजक रहथु अवश्य, किन्तु संग-संग न्यायपालक सेहो रहथु। हमर सोच नहि करथु, ओ प्रसन्न रहथु, यैह हमर अभीष्ट अछि, किएक तँ हम हुनका अक्षुण्ण प्रेम करैत छियनि।'

लक्ष्मणकेँ ई समस्त कथा कहैत हुनका गरा बुकोर लागि गेलनि। आगाँ मुँहसँ शब्द नहि बहरा रहल छलनि। उर्मिला सान्त्वना दैत कहलथिन– कनेक धैर्य धरू नाथ।'

'नहि प्रिय आब धैर्य धऽ अहाँ सुनू। स्मृतिक द्वार जखन एक बेर खुजि जाइत छैक तँ ओ बहराइये जाइत छैक, ओकरा रोकब सम्भव नहि होइत छैक। एतेक दिन हृदयकेँ नियन्त्रित कऽ रखने रहलहुँ किन्तु एखन एक पर एक स्मृति समक्ष आबि रहल अछि।'

'देवीक त्याग भेलाक किछु दिनक उपरान्तक घटना अछि। राम भैया नित्यप्रति सरयुग नदी स्नानक हेतु जाइत छथि आ हम संगमे रहैत छियनि। एक दिन बाटमे एकटा वनवासी कोल-भील जकरा वनवासक समय जंगलमे देखैत छलियैक तेहने लोक पीठ ओ हाथमे सेनुर ओ पिठार लगाय अयोध्या दिसि झटकल आबि रहल छल।

पहिने व्यवहार छलैक जे प्रथम सन्तानक पुत्रक जन्म भेलापर संवादक रूपमे लोचन (रोचन) पठाओल जाइत छलैक। नौआक हाथमे सेनुर-पिठार देखिते बाटक लोक सोत्सुक भऽ जाइत छल जे अवश्य ककरो शुभ संवादक योग छैक। यद्यपि आब ई रीति विलीन भऽ गेल अछि।

राम प्रश्न कयलथिन तँ ओ उत्तर देलकनि–

वनखण्डक छी हम नौआ अवध हम जायब रे<br>
सीताजीकेँ भेलनि बालक लोचन पहुँचायब रे।'

राम पुछलथिन–

कह रे नौआ रे कुशल कोन हाले सीता छथि रे।<br>
कुशहि सीताक आसन कुशहि वासन रे<br>
कन्द-मूल सीता केर अहार एही हाले सीता छथि रे।<br>
पहिल लोचन राजा दशरथकेँ दोसर कौशल्या रानी रे<br>
तेसरे लोचन बाबू लछुमन राम नहि जानथु रे।<br>
जेहो राम तिल नहि चैन, पलक नहि बिसरथि रे<br>
सेहो राम देला वनवास तँ चित्तसँ बेचित भेला रे।<br>
बेचित भेला रे...

रामक आँखिसँ अविरल अश्रु झहरऽ लगलनि।

ओ कहलथिन–शीघ्र रथ आँगा बढ़ाउ।'

सोनाक घाट चन्दनसँ सुवासित ! राम बेसुधि भऽ ओहि निर्जन घाटपर बैसि रहलाह। हम निःशब्द भेल हुनक मनःस्थितिकेँ देखैत रहलहुँ। हृदय

विदीर्ण करऽवला हुनक स्वगत प्रलाप सुनैत रहलहुँ। अवसन्न भेल बैसल रहलहुँ।

'हा ! स्वाभिमानिनी जानकी, अहाँक अभिरोषपूर्ण स्वाभिमान उचिते अछि। हम असफल उत्तरदायित्व, धर्महीन राम आइ असफल पति प्रमाणित भेलहुँ। राजा जनक अहाँक हाथ हमरा हाथमे दैत अवरुद्ध कण्ठसँ जन्म जन्मान्तरक लेल सचिव, सखी एवं प्रिय शिष्याक रूपमे अहाँक उत्तरदायित्वक निर्वहनक वचन लेने छलाह। किन्तु हम ओहि आह्लादिनी शक्तिक तिरस्कार कऽ कऽ वचनसँ विमुख भऽ गेलहुँ। आइ मैथिलीक संग-संग हम परम श्रेष्ठ विदेह राष्ट्रक अपराधी बनि जीवि रहल छी। युग युगान्तर धरि, जा धरि सूर्य चन्द्रमा ओ पृथ्वी रहत हम एक निन्दनीय, नृशंस एवं बीभत्सकर्मा पुरुष बनल रहब मुदा अहाँ स्वाभिमानिनी वैदेहीक आह्लादिनी शक्ति रूपमे जानल जाइत रहब।

उर्मिला लक्ष्मणक आँखि पोछैत कहलथिन– नाथ आब प्रात भऽ गेल। आश्वस्त भऽ निवृत्त होउ। राम भैयाक सेवामे विलम्ब भऽ जायत। यज्ञक तैयारीमे सेहो सीता बहिनक प्रतिमा बनयबाक दायित्व अहींक अछि।'

●

# ललित निबन्ध

# सृष्टिक रचना

भगवान् सृष्टिक रचना कोना कयलनि ! सब दिश शून्य छलैक। निराकार शून्य ओ अनन्त अकासकेँ जखन घुप्प अन्हार छेकने छलैक, तखन ईश्वर कहलथिन जे– प्रकाश होअय ! तखनहिँ समस्त सृष्टि इजोतसँ भरि उठल। आब भगवान ओहि प्रकाशपुंजक असंख्य टुकड़ी कयलनि आ सौँसे अकासकेँ एक-एकटा तरेगनसँ भरि देलथिन। तखन ओ सौरमंडल बनौलनि, पृथ्वी बनौलनि, तखन हुनका अपना बोध भेलनि जे बड़ सुन्दर रचना भेल अछि। पुनः भगवान झाड़-झंखार, कन्द-मूल, गाछ-वृक्ष, लता-फूलक रचना कयलनि। पुनः भँवरा, तितिर एवं गीत गुनगुनबऽ हेतु झिंगुर सेहो बनौलनि। लगलनि रचना बड़ सुन्दर बनल अछि, तखन पशु-पक्षी, कीड़ा-मकोड़ा, मच्छड़, चुट्टी-पिपरी, आ अन्तमे सापक रचना कयलनि, किन्तु तैयो सन्तोष नहि भेलनि अपन रचनासँ।

तखनो जँ शान्ति नहि भेटलनि तँ ओ जीवनमे विचित्रता अनबाक लेल दिन एवं रात्रि, अन्हड़-पानि, बिहाड़ि, बदरी-मेघ, रौद-छाहरि इत्यादिक रचना कयलनि, तथापि ईश्वर सन्तुष्ट नहि भेलाह। लगलनि जे रचना एखनो अपूर्ण छनि। तत्पश्चात् ओ ज्ञानक नेत्र खोलि कऽ सुदूर भविष्यमे तकलनि। अन्हारमे पृथ्वी ओ सौरलोकमे आच्छादित प्राणहीन धुन्धमे कतहु एकटा सुगबुगाहटि आओर फेर ओहि सुगबुगाहटिमे शनैः शनैः एकटा शरीरक आकार जाहिमे असाधारण किछु नहि, किन्तु तैयो ओहिमे सामर्थ्य छल, एक आत्मा जे निर्मित भऽ कऽ अपना आकारक बन्धनमे बान्हल नहि छल, बढ़िते जा रहल छल। एक प्राणी जे जतेक बेर घुरि कऽ तकैत छल तँ किछु अधिके प्राणवान् भऽ उठि ठाढ़ होयबाक प्रयास करैत छल।

आब ईश्वर जानि गेलाह जे भविष्यक प्राणी यैह मानव अछि। तखन ओ पृथ्वीपरसँ अन्धकारमय कुहेस-धूनिकेँ चीरि कऽ एक मुट्ठी धूलि उठौलनि

आओर ओकरा अपना हृदयक लगमे आनि कऽ अपन विराट आत्माक एक साँससँ फूकि देलथिन आ तखने मानवक सृष्टि भऽ गेलैक। भगवान कहलथिन– जाउ हे हमर रचनाक महाप्राण नायक, सृष्टिक अवतंस जाउ, आगाँ बढ़ू।'

परंच एतबोसँ ओहि ईश्वरकेँ जे महाचित्रकार छथि, तनिका अपना कृतित्वसँ सन्तोषक प्राप्ति नहि भेलनि। ओहि कलाकारक हृदय अतृप्ते रहि गेलनि, किएक तँ पृथ्वी चलयमान नहि भेलि ठाढ़क ठाढ़े छलीह। पृथ्वी ठाढ़ि, तारागण ठाढ़, सूर्य प्रकाशवान नहि, सूर्यक ज्योतिमे किरणक प्रस्फुटन नहि भऽ सकल। ओहि विराट सुन्दर संसारमे गति नहि आयल, ओ स्थूले बनल रहल।

दूरहिसँ पड़ल ओ आदिम साप ठठा कऽ हँसि रहल छल, किएक तँ ओ जनैत छल जे ई सृष्टि किएक नहि चलि रहल छैक आ अपन एहि ज्ञानकेँ खूब जोगा-सम्हारि कऽ अपना गेरुआयल गुंजलकमे लपेटने बैसल अछि।

आब पुनः एक बेर फेर ईश्वर अपन ज्ञानक नेत्रकेँ खोललनि आ फेर मानवक दू बुन्द नोर लऽ कऽ स्त्रीक रचना कयलनि। मानव चुपचाप हुनक देनकेँ शिरोधार्य कऽ लेलक। सन्तुष्ट तँ ओ पहिनहिँ छल आब ओकर सन्तोष दू गुना भऽ गेलैक। शान्त जीवनमे कोनो प्रकारक अपूर्णता नहि रहलैक।

किन्तु सृष्टि तखनो नहि चललैक आ ओ चिरन्तन साप ज्ञानकेँ अपन गेरुमे लपेटने बैसल हँसिते रहल। साप बाजल– मूर्ख मानव, अपना जीवनमे एतेक सन्तुष्ट नहि होअह, एखन बहुत किछु अछि जे तोँ अपना जीवनमे नहि देखलह, नहि पओलह आ नहि जानि सकलह। देखह, ज्ञान हमरा लगमे अछि। तेँ एही कारणे हम ईश्वरक समकक्ष छी, चिरन्तन छी।'

किन्तु मानव अन्यमनस्क जकाँ ओकर बातकेँ सुनि, ओकरा दीश देखि अनठा देलक। पुनः ओहि स्त्रीक केशसँ अपन मुँहकेँ झाँपि लेलक। ओकरा मोनमे कोनो प्रकारक उत्कण्ठा नहि छलैक, परम शान्त छल, कोनो उद्वेग नहि छलैक।

कतेको समय धरि एहिना रहल। प्रकाश होइत छलैक आ समाप्त भऽ जाइत छलैक। जखन इजोत होइत छलैक तँ पुरुष आ स्त्री एक दोसरकेँ मुग्ध भावेँ देखैत रहैत छल। अन्हार होइते देरी दुनू सटि कऽ सूति रहैत छल। ईश्वर तँ अदृष्टे रहैत छलाह। आ साँप तँ हँसिते रहैत छल।

तत्पश्चात एक दिन जखन प्रकाश भेलैक तँ स्त्री ओहि इजोतमे अपन आँखिकेँ झुका लेलक। ओहि पुरुषक दिशि ओ नहि ताकि रहल छलि। तखन ओ पुरुष स्त्रीसँ दृष्टि मिलयबाक प्रयत्न करऽ लागल, किन्तु देखलक जे स्त्री मात्र ओकरे दिस नहि अपितु केम्हरो नहि देखि रहल छलैक, जेना पूर्ण रूपेँ ओ अन्तरमुखी भऽ गेल होअय आ अपनहिँ भीतर बहुत किछु देखि ओहिमे तन्मय भेलि ओहि दर्शनसँ अनिवर्चनीय सुखक प्राप्तिमे तल्लीन होअय। अन्हार भऽ गेलैक तखनो स्त्री ओहिना तद्‌गत भावेँ पड़ि रहलि, पुरुषक दिससँ जेना विमुख भेलि ओ किछु दूर हटिये कऽ सूतल छलि।पुरुषक दीस तँ ओ अन्यमनस्को जकाँ नहि देखि रहल छलि।

आब तखन पुरुष स्त्रीकेँ एना देखि उठि कऽ बैसि रहल आ आँखि मूनि भगवानसँ प्रार्थना करऽ लागल। ओकरा लग शब्द नहि छलैक, भाव सेहो नहि छलैक, दीक्षा नहि छलैक किन्तु ताहि सबसँ फराक शब्द आ ज्ञानसँ हटि कऽ ओ प्रार्थना जे सम्बन्धक सूत्रपर आश्रित छल, सैह प्रार्थना करुणा विगलित स्वरमे बहराय लगलैक। किन्तु तखनो विश्व ओहिना निश्चल भेल पड़ल रहल। ओहिमे कोनो प्रकारक गति नहि अयलैक। आब जे ओ स्त्री छलि से बिलखि कऽ कानऽ लागलि। ओकरा भीतर कोनो टीसक बाढ़ि जेना उमड़ि रहल छलैक। अन्तरसँ एक प्रकारक हूक उठि रहल छलैक। ओ बिलखि कऽ बाजि रहल छलि– ई की होइए हमरा? हम मरि जायब, माटिमे मिलि जायब, हम आब नहि जीब।'

एहि प्रकारेँ ओ बिलखऽ लागलि।

पुरुष असमर्थ ओ निःसहाय बनल किछु नहि कऽ सकलैक।ओकर प्रार्थना, आर्त्तनाद जकाँ बेकल भऽ कऽ बहराय लगलैक। उत्सर्ग भऽ आतुर पुकार करऽ लगलैक, आ जखन ओहि स्त्रीक कष्ट नहि देखल गेलैक तँ आँखि बन्द कऽ लेलक, जोरसँ अपन आँखिकेँ मूनि लेलक।

तत्पश्चात् निशीथक घोर तिमिड़मे, निविड़ अन्धकारमे अकस्मात् ओ स्त्री जोरसँ चिचिया कऽ बाजि उठलि- हे हमर ईश्वर, हे हमर पुरुष ! ई देखू-देखू !'

पुरुष झटसँ लगमे जा कऽ देखलक आ हँसोथि कऽ अन्हारेमे देखि स्पर्श कऽ कऽ हतप्रभ भेल स्तब्धे रहि गेल। ओकर आत्मामे घोर आश्चर्य

छलैक। भययुक्त विस्मय भरल मोन हठात् पुलकित भऽ उठलैक। नहुँ-नहुँ ओहि स्त्रीक माथकें उठा अपना कोरमे राखि लेलक। जखन कनेक सुमधुर ज्योति पुंजक प्रस्फुटन भेलैक तखन ओहि इजोतमे देखैत अछि जे ओ स्त्री, अपरूप स्निग्ध ओकरे एकटा नान्हिटा सूक्ष्म रूप, बड़ पियरगर सुन्दर ओ कोमल प्रतिरूपकें अपना छातीसँ सटौने अछि आ थाकि कऽ बेसुधि शान्त भेलि सूतलि अछि। ओहि पुरुषक हृदय एकटा अनिर्वचनीय खुसीसँ भरि अयलैक आ ओकर अन्तरसँ एकटा सद्यः प्रश्न फूटि पड़लैक– 'हे ! ईश्वर ई कोन सृष्टि अछि जे तोँ नहि बनौलह ?'

भगवान कोनो उत्तर नहि देलथिन तखन मनुष्य सापसँ पुछलकैक– 'हे ज्ञानक रक्षक साप तोँही हमरा बुझावह जे ओ की अछि जे हमरा ओ तोरा ईश्वरक समान एक समकक्ष बना देलक? बुझाबह हम जानऽ चाहैत छी। हम बूझऽ चाहैत छी।'

पुरुषक एहि प्रश्नकें पुछिते देरी किछु अनहोनी सन अपूर्व घटना घटऽ लगलैक। पृथ्वी घूमऽ लागलि, आकासमे तारा सब दीप्त भऽ उठलैक, फेर सूर्य उदित होइत ज्योतिसँ पूर्ण दीप्त भऽ उठलाह, मेघ गरजि उठल, बिजली चमकि उठल आ संसार चलायमान भऽ गेल। विश्वमे गति आबि गेलैक, ओ चलायमान भऽ उठलैक। साप बाजल– हम हारि गेलहुँ मनुष्यसँ। ईश्वर हमरासँ ज्ञान छीनि लेलनि।'

आब सापक गेरुआयल गुंजलक नहूँ-नहूँ खूजऽ लगलैक।

परमपिता परमेश्वर बजलाह– 'हमर सृष्टि सफल भेल, रचना पूर्ण भेल। किन्तु विजय मानवक भेलैक। हम ज्ञानमय छी, पूर्ण छी, किन्तु हम किछु तकैत नहि छी, उत्कण्ठित भऽ हेरैत नहि छी, हमर कोनो अन्वेषण नहि अछि, परंच मनुष्यमे जिज्ञासा छैक, अतएव वैह विश्वकें चलबैत अछि, संसारकें गति दैत अछि... ।'

परंच मनुष्यक एकटा पैघ समस्या छलैक। ओ उलझनमे ओझरायले छल। ओ जानऽ चाहैत छल अपन प्रश्नक उत्तर। ओ पुकारि-पुकारि कऽ कहैत छल– हम जानऽ चाहैत छी... ।' आ ओ एहि प्रश्नकें बेर-बेर दोहरबैत रहल। आ जतेक बेर मानव उत्कंठित भऽ अपन प्रश्नकें दोहरबैत छल ओतेके बेर सूर्य किछु और अधिक देदिप्यमान भऽ प्रखर भऽ उठैत छलाह। पृथ्वी

किछु तीव्र गतिसँ चलऽ लगैत छल। तखन मनुष्यक हृदयमे एक प्रकारक स्पन्दन किछु अधिके बढ़ि जाइत छलैक।

आइयो जखन मनुष्यक अन्वेषणक पराकाष्ठा होइत छैक और अपन प्रज्ञाक प्रश्नकेँ ओ दोहरबैत अछि तखन किछु ने किछु अनहोनी वा अघटन घटना घटियेटा जाइत छैक। मानवक अन्वेषणक अन्त नहि होइत छैक। कखनो अन्तरिक्षकेँ खोजि रहल अछि, मंगलपर ताकि रहल अछि ओ चन्द्रमापर विजय पाबि रहल अछि। वस्तुतः प्रत्येक क्षण मानव उत्सुक उत्कण्ठित भेल रहैत अछि। किन्तु विश्वक कोनो प्रयास, कोनो अन्वेषण एखन धरि जीवन ओ मृत्युक तथ्यकेँ नहि पाबि सकल अछि। ओहि पोर्टफोलियोकेँ परमेश्वर अपने थाती बना कऽ रखने छथि, ककरो पहुँच ओतऽ धरि नहि भऽ सकलैक अछि।

●

# आत्मश्राद्ध

अश्वत्थ वृक्षक छाहरिमे जखन पण्डितजी श्राद्ध मन्त्रसँ गामक एकटा मृतकक आत्माकेँ प्रेतत्त्वसँ उद्धार करा रहल छलथिन, तखन ओहि ठाम बैसल मदनमोहनजीक मन बड़ खिन्न जकाँ भऽ उठलनि। लगेपासमे बैसल ज्योतिषीजीसँ ओ जिज्ञासा कयलथिन– प्रेतत्त्व की छैक ?'

तखन कनेक बुझबैत ज्योतिषीजी उत्तर देलथिन– मृत्युक बाद स्वर्गारोहणक क्रममे जीव प्रेत योनिमे रहैत अछि। श्राद्धमन्त्रसँ ओकरा ओहि योनिसँ मुक्ति दिया कऽ स्वर्ग पठाओल जाइत छैक।'

मदनमोहन कहलथिन– आ यदि कोनो कारणे मृतकक श्राद्ध नहि भऽ सकय तखन ?'

'तखन तँ ओ जीव प्रेत योनिमे भटकैते रहत– ज्योतिषीजी कहलथिन।

विचारक आदान प्रदानकेँ सुनि किछु आरो गोटा भागीदार भऽगेलाह। केओ बजलाह– आत्मा जखन अशान्त रहैत अछि, तखन ओ प्रेतक रूपमे रहैत अछि, अर्थात् जे आत्मा, सैह प्रेतत्त्व थिक।'

मदनमोहनजी पुनः प्रश्न कयलथिन– मनुष्यक शरीरमे रहऽवला आत्मा, देह त्याग कयलाक उपरान्त प्रेत योनिमे विचरण करऽ लगैत छैक ?'

मुदा ओहिमेसँ केओ सन्तोषप्रद उत्तर नहि दऽ सकलथिन।

मदनमोहनजीक जिज्ञासाक समाधान नहि भेलनि। मोन अशान्त जकाँ भऽ गेलनि।

हिन्दू धर्मक अनुसार चौरासी लाख योनिमे मनुष्यक योनि सबमे सर्वोपरि अछि। तखन मनुष्येतर योनिक आत्मा शरीर त्यागक बादो भटकैते रहैत छैक? आ जँ अशान्त आत्माकेँ प्रेतत्व कहल जाय तखन मनुष्य जीवनक अधिकांश भाग तँ प्रेतत्वेमे बितैत छैक। जन्मसँ मृत्यु पर्यन्त विभिन्न प्रकारक चिन्ता, अनेकानेक समस्यासँ घेरायल मनुष्य जीवन पर्यन्त अशान्ते रहैत

अछि। तखन किएक नहि जीविते प्रेतत्त्वसँ मुक्तिक हेतु आत्मश्राद्ध कयल जाय ?

'मधुवाता ऋतायते, मधुक्षरन्ति सिन्धवः'क वातावरणकेँ कोन प्रकारेँ आनल जाय, तकर चिन्तन करैत अपनाकेँ शिव स्वरूप बनायब, यैह तँ श्राद्ध थिक। श्रद्धासँ कयल गेल कर्मे तँ श्राद्ध थिक। वर्त्तमानक श्राद्धे तँ भविष्यक स्वर्ग थिक। कालचक्र तँ भूत-वर्त्तमान एवं भविष्यक समष्टि अछि। हम प्रत्येक क्षण कालक तीनू स्वरूपक अनुभव करैत छी। सत्यपर आधारित वर्त्तमान निश्चित रूपेँ सत्यकेँ जन्म दैत अछि। स्वर्ग एक सत्य थिक, जकर प्राप्ति वर्त्तमानक श्राद्धेपर निर्भर करैत अछि। मृत्यूपरान्त कयल गेल श्राद्ध सँ तँ मृतकक स्वजन-परिजन मात्रकेँ आत्मसन्तोष होइत छनि।

हमरा लोकनिक शास्त्रमे चक्षुदान, अस्थिदानक चर्च अछि। हम जँ गोदानकेँ इन्द्रिय दान कहि सकी तँ अधिक उपयुक्त होयत। जँ चक्षुक हीनकेँ एक चक्षु दान श्रद्धाक संग निस्वार्थ भावसँ कयल जाय तखन एहिसँ बढ़ि और श्राद्ध की भऽ सकैत अछि? एहि दानसँ जे आत्माकेँ शान्ति एवं तृप्ति भेटतैक सैह कि प्रेतत्वसँ मुक्ति नहि छैक? सामाजिक व्यवस्था ततेक विडम्बनापूर्ण भऽ गेल अछि जे कर्मकाण्डक आध्यात्मिक स्वरूप लुप्त भऽ बिलायल जा रहल अछि। बिना अध्यात्मकेँ सामाजिक न्यायक कल्पनाक कोनो औचित्ये नहि भऽ सकैत अछि। मृत्यूपरान्त मृतकक श्राद्धमे कयल गेल व्ययसँ यदि ओहि आत्माकेँ मुक्ति भेटितैक तखन तँ सब धनिक मृतकक हेतु स्वर्गमे स्थान रिजर्वे रहितैक।

# कवि हृदयक जिज्ञासा

देवाधिदेव महादेवसँ मनीषी कविक प्रश्न छलनि– हे संन्यासी ! हे शूलपाणि! अहाँ ई कि कयलियैक? घर गृहस्थी छोड़ि जे संन्यासी लोकनि अरण्य ओ पहाड़क खोहमे शरण लेने छथि से सब त्राहिमाम कऽ रहल छथि, कारण जे मदन जखन सतनु छल तखन ओकर गति सीमित छलैक। अहाँ तँ अतनु बनाय ओकरा स्वच्छन्द कऽ कऽ विश्वव्यापी कऽ देलियैक।'

भोलेनाथ मुस्किआइत पुछलथिन– अच्छा तँ तोँही कहह पत्नीकेँ लोक प्राण-प्यारी किएक कहैत छैक? मायकेँ केओ ई उपाधि किएक नहि दैत छैक? यद्यपि ओ स्वर्गादपि गरीयसी थिकीह ?'

कवि कहलथिन– प्रसंगान्तर किएक होइत छी नाथ ! हमरा पहिल प्रश्नक उत्तर चाही।'

त्रिलोचन हँसि कऽ कहलथिन– जे हमर प्रश्नक उत्तर सैह तोरो प्रश्नक उत्तर होयतह वत्स !'

कविकेँ निरुत्तर देखि पिता गजवदन दिसि तकलथिन। हुनको आँखिमे वैह प्रश्न छलनि। गजानन उत्तर देलथिन– मनुष्यक महा शत्रु जे ओकरा धर्म आ नैतिक विचारपर प्रहार करैत छैक तकर नाम छैक कंदर्प कामदेव। तखन ओहिसँ रक्षा कयनिहार ओकर जे धर्मरुपा धर्मपत्नी, तकरे धर्मसँ धर्मपरायण मानव अपना धर्मक रक्षा कऽ पबैत अछि, तेँ पत्नी प्राण-प्यारीक उपाधिसँ विभूषित होइत छथि।'

शंकर कहलथिन– तखन जे मूर्ख, अहंकारी व्यक्ति ओकरा त्यागि अरण्यक शरण लैत छथि से धर्मविहीन भऽ कंदर्प पीड़ासँ कनैत रहैत छथि।'

कविक आँखि फूजि गेलनि। उल्लसित स्वरमे ओ बाजि उठलाह– धन्य गृहस्थाश्रम !'

●

# संस्मरण

# रिमेम्बरिंग द पास्ट

ट्रेन तेज गति पकड़ि लेने छल। प्लेटफार्मपर ठाढ़ पतिदेव आँखिसँ जखन ओझल भऽ गेलाह, तखन हम अपन सीटपर बैसैत अपन समान सबपर नजरि देलहुँ। ओना पतिदेव सब समान सुव्यवस्थित कऽ कऽ उतरल छलाह। सामनेक सीटपर बैसल एकटा संभ्रान्त महिला सहयात्रीपर नजरि गेल। मोनमे कनेक निश्चिन्तताक बोध भेल। एकटा पुस्तक हाथमे लेने ओ महिला हमरा दीस मुखातिब भऽ मुस्किया कऽ गप्प-सप्प आरम्भ कयलनि। ओ भद्र महिला साउथसँ छलीह। अपन परिचयक संग हमरासँ हिन्दी-अंग्रेजी मिश्रित भाषामे गप्प करऽ लगलीह। दिल्लीमे कोन ठाम रहैत छथि एवं हुनक पतिदेव बी. एस.एफ मे डी.जी. पदसँ रिटायर भऽ एखनो कतेको काज-धन्धामे संलग्न छलथिन, तेँ फुर्सति नहि रहैत छनि। अतः ओ एसकरिये अपन मायकेँ देखऽ लेल मुम्बइ जा रहल छलीह। ओ कहलनि, हुनकर माय बाथरूममे खसबाक कारणे अस्पतालमे भर्ती छथिन, किन्तु ओत्तहि दू बेर हार्ट अटैक भऽ गेलनि। डाक्टर एक तरहेँ कहि देलकनि अछि जे– आब किछु नहि भऽ सकैत अछि। एहन खबरि सुनिते ओ जा रहल छलीह।

किछुए दिन पहिने केरलमे ओ सपरिवार मायसँ भेट-घाट कऽ कऽ आयल छलीह। 'किन्तु कखन की होयत से केओ नहि जनैत अछि ! देखी आब भेट भऽ पबैत अछि वा नहि– ओ तखन बड़ इमोशनल भऽ गेलीह।

हम बोल-भरोस देलियनि। मायक सुस्वास्थ्यक कामना कयलियनि। किछु स्वस्थ होइते ओ अपन हाथक किताब देखौलनि आ कहलनि– हमर मायक अंतरंग संगी 'शुभलक्ष्मी' जे ताउम्र अमेरिकामे गुजारलनि, एखन नब्बे वर्षक वयसमे "रिमेम्बरिंग द पास्ट" नामसँ एहि किताबकेँ लिखलनि अछि। शुभलक्ष्मीक नातिन हुनक भावनासँ प्रेरित भऽ कऽ ओहि पुस्तककेँ पब्लिश करौलथिन अछि।'

ओ भद्र महिला गप्पकेँ आगू बढ़बैत कहलनि– एक दिनक कथा अछि। संयोग सँ हमर भाय किताबक दोकानपर उनट-पुनट करैत पुस्तक सबकेँ देखि रहल छलाह तँ एहि पुस्तकपर नजरि पड़लनि।उत्सुकता भेलनि जे नब्बे वर्षक वयसमे अमेरिकाक शुभलक्ष्मी की सब लिखलनि अछि? पुस्तक ओ कीनि लेलनि। ओहि पुस्तकमे संस्मरणक संग-संग बहुत रासे ग्रुप फोटोग्राफ सेहो संलग्न छलैक। केरलक दर्शनीय स्थानक सुन्दर दृश्य, हरियरीसँ भरल मनोरम स्थान। पिकनिक कालक फोटो, कालेजक फोटो, स्कूलक फोटो, प्रोफेसर सभक संगे फोटो आ सभक संगे प्रसंग एवं स्थानक वर्णन।'

पोथीमे हुनक अपन माता-पिताक मकानक फोटोग्राफ सेहो संलग्न छलनि। अपन माता-पिताक मकानसँ लागल मसालाक बगीचा होयबाक कारण वातावरणमे ओकर सभक पातक, फूलक, फलक आ बीजक मिश्रित सुगन्धि बसि जाइत छलैक आ ओ सुगन्ध अमेरिकामे कहियो काल हुनक मोनकेँ बेचैन करैत छलनि। अपन ताहि अनुभूतिक बिंबक चित्रण, केरलक अनेकानेक दृश्यक वर्णन, साँझ-भिनसरक सूर्योदय-सूर्यास्तक कतोक सुन्दर दृश्यक फोटो, कोन प्रकारेँ आवेशित भऽ अपन बालपन वा कैशोर्यक प्रांगणमे कोना ओ छोट-छोट खुसी मनयबामे निमग्न रहैत छलीह से वर्णन सब। हुनक पिता नारिकेल एवं मसालाक व्यापार करैत छलथिन। ओ मायक हाथक नारिकेरक लड्डूक स्वाद कहियो बिसरि नहि सकलीह। सम्पूर्ण पोथी संस्मरणक व्यथा-कथाक करुण आ हृदयस्पर्शी वर्णनसँ भरल छल। फोटोग्राफमे हमर मायक फोटो सेहो छल, जकरा हम मायक पुरान मुदा ओहि वयसक फोटो एलबममे देखने छलियैक। पोथीमे हमर माँक चर्च बड़ आत्मीयताक संग भेल छल। शुभलक्ष्मीजीक ओ पोथी हमर भाइ एक प्रति हमरा आ हमर माँके पठौने छल। माँ पुस्तकमे हुनक आ अपन फोटोकेँ देखैत हुनका तुरंत चिन्हलकनि। हमर जे भाइ मुम्बइमे नोकरी करैत छथि से ओहि किताबसँ अभिभूत भऽ कऽ हुनक मेलपर हुनका लोकनिसँ सम्पर्क कऽ कऽ लिखलथिन जे– अहाँक प्रिय सखी एखन जीवैत छथि आ अहाँ हुनक स्मरणमे छियनि। हम हुनक पुत्र अहाँक संस्मरण पढ़ि बड़ प्रभावित भेलहुँ। अहाँ सबगोटे हमरा ओतऽ इंडिया आउ, हमरा सबकेँ बड प्रसन्नता होयत।'

तत्पश्चात् हम सब हुनक माता-पिताक घरक अन्वेषण कयलहुँ, मुदा

हुनक लिखल ओहि स्थानपर बड पैघ होटलक निर्माण भऽ चुकल छलैक। बड़ मोश्किलसँ पता लागल जे माता-पिताक देहावसानक उपरान्त हुनक सेवक ओहि जमीन-बगीचाकेँ बेचि देने छल।'

हम ओहि सहयात्रिणी महिलासँ पुछलियनि– अपन माता-पिता आ अपन स्थानक प्रति एतेक आवेश रहितो ओ इंडिया कहियो पलटि कऽकिएक नहि अयलीह? अपन भाषाक आवेश, स्थानक आ सबसँ बेसी माता-पिताक स्मरण! अपने ओ फिजिक्सक प्रोफेसर छलीह, आर्थिक रूपेँ सक्षम तखन आबि तँ सकैते छलीह।'

ओ कहलनि जे– किताबमे एहि प्रसंगक बड करुण कथा छैक। शुभलक्ष्मी पी-एच.डी. करबाक लेल अमेरिका गेलीह। बड़ मेधावी छात्रा छलीह। ओतहि एक विदेशीसँ सम्पर्क भेलनि आ माता-पिताक घोर विरोध रहितो ओ सम्पर्क प्रेम विवाहमे परिणत भऽ गेलनि। कट्टर ब्राह्मण पिता एकरा स्वीकार नहि कयलथिन आ एकमात्र अपन संतान ओहि बेटीक त्याग तँ कैये देलथिन आ संगहि शपथ दऽ देलथिन जे शुभलक्ष्मी कहियो घूरि कऽ भारत नहि आबय। अमेरिकामे आजीवन एहि शपथक पालन ओ हृदयमे टीस लेने कयलनि। हुनक पिताक एकटा सेवक छलनि। सम्पत्तिक नामपर जे किछु बाँचल छलनि से अन्तिम कालमे ओकरे दऽ गेलथिन। कतेको दिनक पश्चात शुभलक्ष्मीकेँ एकटा पोस्टकार्डसँ पता चललनि जे हुनक माता-पिता दिवंगत भऽ गेलथिन। तारीख, फोटो सब किछु पुस्तकमे देने छथि। अपन सब स्मृतिकेँ समेटने ओ मोनसँ कहियो गामक परिवेशसँ विलग नहि भऽ सकलीह। अपन नातिनक सहयोगसँ जीवन सन्ध्यामे एहि किताबक माध्यमसँ अपन हृदयक भावनाकेँ उरेहि किछु शान्ति पाबि संसारसँ प्रस्थान करबाक अभिलाषा छनि।

वस्तुतः भारतक लोक दुनियाँक कोनो कोनमे चल जाथि तथापि अपन जड़ि-मूल ओ अपन मातृभाषाकेँ जीवन पर्यन्त नहि बिसरि पबैत छथि। शुभलक्ष्मी अपना जीवनमे बड संघर्ष कयलनि। किछु समयक उपरान्त सिंगिंल मदर भऽ कऽ ओ अपन दुनू बेटीक पालन-पोषण सेहो कयलनि। आरम्भिक वयसमे तँ माता-पिताक परित्यागसँ अपन स्वाभिमानमे रहलीह तत्पश्चात् हुनका लोकनिक दिवंगत भेलाक उपरान्त हुनका लेल तड़पैते रहलीह। सहयात्रिणी कहलनि– हमरा लोकनिक भारत अयबाक आग्रहपर

हुनक सन्तान लोकनि लिखलनि जे आब हुनक समस्त शारीरिक स्थिति निष्क्रिय भऽ गेलनि अछि अतः यात्रा योग्य नहि छथि।'

ई सब गप्प सुनबैत ओहि सहयात्रिणी महिलाक आँखिमे नोर भरि गेलनि। हम विस्मय विमुग्ध भेल ओहि महिलाक कथा सुनैत रहलहुँ। अपन भाषा, जन्मस्थान आ परिवेशकेँ बिसरबाक तँ कोनो प्रश्ने नहि, आत्मामे सतत वैह शोणितक प्रवाह समस्त जीवन प्रवाहित होइत रहैत छैक। अपन गाम-घर कहियो नहि ! छुटैत छैक। अवसर भेटिते मोन आप्लावित भऽ उठैत छैक। वैह अनुभूति शुभलक्ष्मी एहि किताबमे लिखने छलीह।

गप्पमे पर्याप्त समय बीति चुकल छल। किछु कालक उपरान्त ओ बैगसँ टिफिन बहार करऽमे तल्लीन भऽ गेलीह। हम आँखि मूनि शुभलक्ष्मीक मनोदशा आ छटपटाहटिक अनुभूति करऽ लगलहुँ। एक भाषा-भाषीक बीचक आवेश, एक प्रान्तक वासी होयबाक कतेक आवेश, जाहि कारणे प्रवासी महिला केरलियनक संग एतेक अपेक्षा, एतेक सिनेह, खास कऽ कऽ प्रोग्राम बना कऽ ई दुनू भाइ-बहिन किताबमे लिखल प्रत्येक स्थानक परिभ्रमण कयलनि। मेलसँ पूर्ण आपकता आ सम्पर्क रखलनि। कतेक पैघ भावनासँ अभिभूत छथि। स्थानक सिनेह, भाषाक सिनेह तँ सभक लेल एहिना होइत छैक।

आब सुधिक पेटार खुजऽ लागल आ ऊनक गोला जकाँ उघरिते चल गेल। शुभलक्ष्मी तँ विदेशमे छलीह, किन्तु हम तँ अपने देशमे छलहुँ तैयो कतेक आवेश छल अपन भाषाक लेल। अपना लोकक लेल। पतिदेवक पोस्टिंग स्थल शिलौंगक एकटा कथा मोन पड़ि गेल। ओतुक्का ट्राइव्सक भाषा खासी छलैक। रहन-सहन, व्यवहार सबमे अन्तर आ सबसँ समस्या तँ भाषाक छल। ओ सब अपनाकेँ सबसँ फराक बुझितो छल आ आन ठामक लोककेँ देशवाली नाम दैत छल। एक प्रकारक वितृष्णा सेहो बाहरी लोक सभक प्रति ओकरा सभक मोनमे रहैत छलैक। हम सब तँ अपना दिसक लोकक लेल, अपन भाषाक लेल तँ जेना तरसि गेल छलहुँ। एक दिनक गप्प छैक, पुलिस बजारसँ किछु शौपिंग कऽ कऽ बससँ अपना डेरा घूरि रहल छलहुँ। तीन चारि स्टौप आगाँ जाय एकटा पति-पत्नी बससँ उतरलाह। उतरिते पत्नी चहकि कऽ बजलथिन– अय भौजी, एतऽ ई तिलकोड़क पात अहाँकेँ कतऽ भेटि गेल? हम सब तँ अहीँ एत्त जा रहल छलहुँ।'

खिड़कीसँ हमर पतिदेवो हुनका लोकनिकेँ देखि रहल छलथिन। ओ कहलनि– जल्दीसँ उतरि जाउ।'

देखलहुँ बैगक उपरेमे तिलकोड़क पात राखल छलैक। ओ महिला कहलथिन– तिलकोड़ आ अरिकंच तँ अमेरिकोमे उपलब्ध भऽ जाइत छैक आ ई तँ अपने देश छैक। ताकऽबला नजरि होयबाक चाही, तकलासँ तँ भगवानो भेटि जाइत छथिन।'

अपन अन्वेषणपर कनेक गौरवान्वित होइत ओ बिहुँसि उठलीह। एहि गप्प-शप्पकेँ सुनैत हम दुनू गोटा गन्तव्यसँ पहिनहिँ उतरि गेलहुँ। तखन अपन दिसक लोकसँ एहन पहिल परिचय भेल छल। हमर पतिदेव कहलथिन– तिलकोड़क तरुआक स्वाद बीचे रस्तामे उतरबाक लेल बाध्य कऽ देलक। पुनः ओ महिला आग्रहपर आग्रह करऽ लगलीह– बिना तिलकोड़क तरुआ खुऔने नहि जाय देब, मिथिलाक स्वाद मोन पड़ि जायत...।'

हम सब कहलियनि– डेरापर धीया-पुता एसकरे अछि।'

तत्पश्चात् ओहि दुनू परिवारसँ बड़ प्रगाढ़ मैत्री भऽ गेल। एहि क्रममे यदा-कदा तिलकोड़ आ अरिकंचक चर्चा आबियेटा जाइत छल। एहि प्रकारेँ एकटा दोसरो परिवारसँ परिचय भेल आ हुनकहुँसँ बड़ अपेक्षा बढ़ि गेल।

हम सब बस पकड़ि अपन डेरा जयबाक लेल कतहुसँ आबिये रहल छलहुँ, ओही कालमे सिनेमा ओवर भेलैक आ देखलहुँ जे एकटा परिवार सेहो बसक लेल बढ़ि रहल छल। ओहि ग्रुपमे दूटा समवयस्का नवयुवती छलि आ संगे पत्नीक कोरमे नवजात शिशुक संगे एकटा स्मार्ट पुरुष छलथिन। हुनका लोकनिक वार्त्तालाप आ हाव-भावसँ अन्दाज लगयबामे मोश्किल नहि भेल जे ई दुनू पति-पत्नी छथि आ दुनू लड़की पुरुषक पत्नीक छोट बहिन अर्थात् सारि छथिन। पत्नी कनेक दोहरा शरीरक छलथिन आ खूब पैघ पर्स कान्हसँ लटकौने तथा कोरमे लपेटने-समेटने छोट बच्चा छलनि। शिलौंगक झींसी-फुहार यद्यपि भिजाबऽवला तँ नहि होइत अछि मुदा स्वेटर-कोट तँ सिमसिमाइये दैत छैक। हुनका लोकनिक क्रियाकलाप आ बीच-बीचक वार्त्तालाप बरोबरिमे सुनैत हमहूँ सब आगाँ बढ़ि रहल छलहुँ। पुरुष चारि डेग पाछाँ घुरि कऽ बच्चा आ भरिगर पर्स सम्हारने अस्त-पस्त पत्नीकेँ कहलथिन जे– बच्चाकेँ नीक जकाँ झाँपि-तोपि लिअऽ, ठंढा लागि जयतैक।'

संगहि पत्नीकें पोचकारैत कहलथिन– लगले बस स्टैंड अछि, कनेक झटकिए कऽ चलू नहि तँ बस छूटि जायत।'

पुनः द्रुत गतिसँ आगाँ-आगाँ बढ़ैत ओ ओहि दुनू युवतीक समूहमे जा कऽ शामिल भऽ जाथि। ई क्रम रस्ता भरि चलैत रहल। दस डेग पाछाँ आबि कऽ ओ पुरुष पुनः पत्नी आ बच्चाकें पुचकारि आगाँ बढ़ि जाथिन।

हम नहुएँसँ अपन पतिदेवकें कहलियनि– देखऔन एहि लोलुप पुरुषक अवस्था ! अपन मनोरंजन ओ रंग-रभसक अवसर नहि छोड़ैत छथि। आ पत्नी बेचारी बच्चा उठौने एतेक अस्त-पस्त भेल पतिक पुचकारसँ मूर्ख बनि कऽ कनेको मुँह मलिन नहि करैत अछि।'

पतिदेव मुस्किया कऽ रहि गेलाह। अस्तु, हम-सब आगाँ-पाछाँ बस स्टैंड पहुचलहुँ। पहिल बस खुजि गेल छल। आब पन्द्रह मिनटक प्रतीक्षा करऽ पड़त। सबगोटा ठाढ़ छलहुँ। ओ महिला बच्चाकें लऽ कऽ बेंचपर बैसि गेल छलीह। हमर कान ओम्हरे लागल छल, कारण ओ लोकनि मैथिलीभाषी जे छलाह। ओहि दुनू नवयुवतीमेसँ एकटा बजलीह– औ चौधरीजी, एतेक मनोरम स्थान सब घुमौलहुँ, कोना समय बीति गेलैक से नहि जानि। गाम जयबाक समय आबि गेल। जँ कालेज खुजबाक नहि रहितय तँ एहन सोहाओन मौसम छोड़ि, होस्टलक गर्मीमे तपऽ नहि जइतहुँ।'

उक्त चौधरीजी बिहुँसि कऽ कहलथिन– कोनो गप्प नहि, डेरापर चलू, माँकें कहबनि जे व्यर्थ परेशान होअऽसँ बाँचि जयतीह। दुनू बहिनिक हाथ हमरहि दऽ देथि। तीनू बहिन एहि सोहाओन मौसमक आनन्द लैत रहब।'

दोसर बहिन जे किछु छोट छलथिन से हँसैत व्यंग्यपूर्ण शब्दमे कहलथिन– औ चौधरीजी, एकटा गप्प कहैत छी। माँसँ पुछबासँ पहिने मखानक पातसँ नीक जकाँ मुँह पोछि लेब।'

दोसर कहलथिन– अपनेसँ जँ नहि होअय तँ हम दुनू बहिन बेरा-बेरी मिलि कऽ अहाँक मुँह पोछि देब। तखन माँसँ गप्प करबैक।'

अनायासे मखानक पात सुनिते हमरा दुनू गोटाकें हँसी लागि गेल। चौधरीजी हमरा सब दिसि मुखातिब भऽ कनेक अप्रतिभ जकाँ पुछलनि– अपने सब मिथिलाक लोक लगैत छी, मखानक पातसँ सत्कारक मर्मकें मिथिलावासी छोड़ि अन्य केओ नहि बुझि सकैत छथि।'

तत्पश्चात् परिचय-पात भेल आ हमरा लोकनिक बीच बड प्रगाढ़ पारिवारिक मैत्री भऽ गेल। चौधरीजी बड सरस लोक छलाह। अपनैती बढ़लाक उपरान्त एकटा नीक कथाक उदेश सेहो हमर पतिदेव हुनका सबकेँ देलथिन। दिल्लीमे रहैत एकटा परिवारक कथा छलैक, जे हिनका प्रयाससँ सफल भेलैक आ हुनक जेठकी सारिक विवाह भेलनि। परिवारक लोक बड़ कृतज्ञताक भाव देखौलनि।

परिवेश भेटिते मिथिलावासी लपकि कऽ अपन गामक वातावरण ताकऽमे नहि चुकैत छथि। यैह थिक भाषाक लगाव। पतिदेवक स्थानान्तरणक कारणे हमरा अनेको ठाम रहबाक सुयोग भेटल आ तहिना अनेकानेक संस्मरण सब अछि जकर कोनो अन्त नहि। एकटा आरो एहि सन्दर्भक संस्मरण कहबाक लेल मोन कुलबुला रहल अछि। मेघालयक गारोहिल्समे जखन छलहुँ तँ ओतऽ जँ हिन्दीभाषिओ केओ भेटय तँ सैह बड़ संयोग ! मैथिली कतऽसँ भेटितय? छोट सन पहाड़ी स्थान, ओतऽ विदेशे जकाँ वातावरण। मातृप्रधान रीति आ समाज। स्त्रीगण सब बेसी मेहनति करऽबाली। पर्याप्त स्मार्ट ट्राइब्स छल जाहि ठाम सफाइक संग सुनरताइ सेहो छलैक। स्वभावतः लोक सब मिलनसार, किन्तु पुरुष अधिकांशतः अकर्मण्ये जकाँ रहैत छल।

ओतऽ संयोगसँ एकटा मैथिलीभाषी वेटनरी डाक्टर झाक शिलौंगसँ पोस्टिंग भेलनि। बजारमे परिचय भेल। ओ अपना संगक महिलासँ परिचय करौलनि। ओ हुनक महिला मित्र एवं सहकर्मी डाक्टर संगीता छलथिन।

हम हुनका सबकेँ अपन घर आबऽ लेल आग्रह कयलियनि। अपना दिसक लोक भेंटल छलाह कतेक दिनक बाद। तत्पश्चात् किछु दिनक उपरान्त, अकस्माते एकटा मैथिल प्रौढ़ हमरा डेरापर अयलाह। हुनका संगमे जे कन्या छलनि से खूब गोर-नारि जकरा सुन्नरिये कहबाक चाही। ओ सकुचाइत नजरि झुकौने ठाढ़ छलि। बैसलाक उपरान्त ओ प्रौढ़ हमरा लोकनिकेँ एतऽ अयबाक अपन उद्देश्य एवं अपन व्यथा-कथा कहऽ लगलाह– चारि दिनसँ होटलमे पड़ल छी। आइ अपनेक पता शिलौंगसँ भागिन पठौलक। कहलक जे अपना दिसक लोक छथि मदति करताह। आब अहींक शरणमे छी।'

हम सब उत्कण्ठित भऽ पुछलियनि– केहन मदति ?'

तखन ओ प्रौढ़ कहऽ लगलाह जे– सात वर्ष भऽ गेल एहि बचियाक

बियाहक। किन्तु ई डकदरबा घुरियो कऽ नहि पुछैत छैक। द्विरागमनक लेल लिखैत-लिखैत हारि गेलहुँ। हिनक बापो कहैत छनि जे जखन बेटे नहि तखन ककरा भरोसपर पुतोहुकेँ आनू। की कहू, बड़ प्रतिष्ठा कमौने छलहुँ गाममे, से आब मुँह नुकौने रहैत छी। रस्ता चलब मोश्किल। हमर भागिन भेट करऽ गेलनि तँ कहलथिन– कहि देबनि बेटीकेँ तेहेन ठाम व्यवस्था करथि, जकरा गोबर-गोइठा करयबाक होइक।'

ई सब सूनि कऽ हमरा लोकनिक करेजमे जेना हूक उठि गेल। मिथिलाक प्रतिष्ठित मूल-पाँजिक बेटीक एहन अपमान ! किन्तु कोनो उपाय नहि ! एहि निमुँह बच्चीक कोन दोष ?

प्रौढ़ कहैत रहलाह– हमरो शरीरक कत्ते भरोस ! तखन एकर कोन उपाय होयतैक? यैह सब विचारि, एहि अनजान जंगलमे संग लऽ कऽ आबि गेलहुँ। मिथिलाक प्रचलित कथा अपनहुँकेँ सूनल होयत। राजाक बेटीकेँ भाग्यक दोष छलनि। बेटी बड़ दुलारक छलनि। राजा विचारलनि जे वनमे चलि गेलापर बाप-बेटी संग रहब। भाग्यक दोष कटि जायत। राज-पाट छोड़ि चलि पड़लाह घनघोर जंगलमे। किन्तु ओतहु भाग्य पाछाँ नहि छोड़लकनि। राजा सीरध्वज माथ पीटि कनैत कहलथिन–

''शिरकर सिरहिँ चढ़ाओल,
चन्द्रकर देल वनवास,
राय सोवर्ण बियाहय चललाह
लिखल नहि परकार।

आइ हमरो यैह दशा अछि।'

एतबा कहैत ओ प्रौढ़ लगला बुक्का फाड़ि कानऽ– कोन मुँहसँ घुरि कऽ गाम जायब। ई कहैत अछि ब्रह्मपुत्रमे हमरा धकेलि दिअऽ आ गामक लोककेँ किछु ने कहबैक।'

हमर पति कहलथिन– अहाँ आब घबराउ जुनि, जतऽ धरि सम्भव होयत हम मदति करबाक प्रयास करब। अहींक नहि, मिथिलाक कोनो बेटी एतऽ हमरो सभक बहिन-बेटी थिकीह।'

दूनू बाप-बेटीकेँ स्वस्थ्य कयलहुँ। सुझा-बुझा कऽ बेटीकेँ सेहो करेजमे साटि हिम्मत बढ़बैत कहलियैक– बेटी सात साल अहाँ बेकार कयलहुँ, पढलहुँ किएक नहि?'

बूढ़ाकेँ सेहो कहलियनि– कका हिनका पढ़ौलियनि किएक नहि। आब ओ समय नहि छैक जेना प्रोफेसर हरिमोहनझा लिखने छथि मिथिलाक बेटीक विषयमे जे "बुच्ची दाइ चुप"। आब मिथिलोक बेटी पढ़ि-लिखि पैघ-पैघ पोस्ट सम्हारने अछि। चुप रहऽबाली नहि रहि गेलि अछि।'

तत्पश्चात् पतिदेव अपन स्टाफ लोकनिक मार्फत पता लगौलथिन। हुनक जमाय ई वैह वेटनरी डॉक्टर झा छलथिन जनिकासँ परिचय भेल छल। हिनक जे ओ सहकर्मी महिला मित्र संगीता छलथिन तनिका संग प्रतिदिन होटलमे ई रात्रिक भोजन कऽ कऽ बाघमारा जे बंगलादेशक बोडरपर छल, ततऽ डेरा लेने छलाह आ अपनहि गाड़ी ड्राइव कऽ कऽ चलि जाइत छलाह।

ओहि होटलक मनेजरसँ गप्प कऽ कऽ सबटा व्यवस्था पहिनहिँसँ कऽ लेल गेल छल। हिनक जे लोकल स्टाफ सब छलनि तकरो सभक सहयोग छल। हमरा लोकनि होटलक भितरका रूममे छलहुँ। किछु कालक उपरान्त ओ दुनू गोटा खाइते छलाह कि बगलक टेबुलपर हमर पतिदेवपर नजरि पड़िते ओ बड़ आत्मीयताक संग कहलथिन– सर, अपनेक ओतऽ अयबाक लेल सोचिये रहल छलहुँ। मैडम कहनहुँ छलीह, आइ संयोगवश भेटो भऽ गेलहुँ।'

तखन हमर पतिदेव कहलथिन– झाजी अहाँ लय एकटा सरप्राइज अछि। तखनहिँ हुनक ओ प्रौढ़ ससुर आबि कऽ ओतऽ बैसि गेलथिन। डा. झा कतेको काल धरि अकबकाइत हुनक मुँह तकितहि रहि गेलथिन। पुनः बजलथिन– ई नीक काज नहि कयलहुँ, बाजू किएक अयलहुँ अछि ?'

वृद्ध कहलथिन– ओझा अहाँक जिम्मेदारी सौँपि निश्चिन्त भऽ हम दुनियासँ जाय चाहैत छी। गामक लोक बड़ खिधान्स करैत अछि। सात वर्ष भऽ गेल, कोनो चिट्ठीक उतारा नहि देलहुँ। अहाँक पितासँ कहलियनि जे द्विरामन करा लिअऽ, किन्तु ओहो किछु नहि सुनलनि। हारि कऽ एतऽ आयल छी।'

डाक्टरझा गुम्हरैत ससुरकेँ कहलथिन– गोबर पाथऽबाली बना कऽ बेटीकेँ रखने छी। सूरति लऽ कऽ जिनगी नहि चलैत छैक। हमरा गरामे घंटी बान्ह चाहैत छी अहाँ।'

हमर पति बिचहिमे कनेक बुझबैत कहलथिन जे– झाजी वयसक ध्यान रखबाक छैक।'

पुनः ओ प्रौढ़ कहलथिन– चन्दाकेँ लऽ कऽ आयल छी।'

आब तँ झाजीकेँ दोसर आघात लगलनि, भृकुटि तनि गेलनि। संग बैसलि संगीता सेहो अकचका गेलि।

हम अपने नहि बहार भेलहुँ। चन्दाकेँ साहस दऽ कऽ पठौलियैक। ओ ओतऽ जाय बैसि गेलि माथ झुकौने। गारोहिल्समे कुकुर, सूगर, मुरगा प्रत्येक व्यक्ति पोसैत छल से ओहि झा डाक्टरकेँ बहुत लोक जननिहार भऽ गेल छलनि। शनैः शनैः लोकक आगमन ओहि ठाम बढ़ऽ लगलैक। सभक सहानुभूति हुनक पत्नीक प्रति बरिसऽ लगलैक– आहा कितना भोलापन है! सुंदर भी है फिर झा को हो क्या गया है?'

एकटा बड़ पैघ होलशेलर व्यापारी कहऽ लागल– अब यहाँ आई है तो हम सब की बच्ची है, कोई परेशानी न होने पाए। जो भी जरूरत हो बताना डाक्टर।'

ओकरा धन्यवाद दैत डाक्टर झा कहलथिन– बाघमारामे बढ़िया मकान मिल गया है, सब व्यवस्था है।'

पुनः संगीताकेँ कहलथिन– जाओ कार में बैठो तुम लोग।'

यैह तँ हम सब चाहिए रहल छलहुँ।

बूढ़ा बजलाह– हम कनेक अँटैची लऽ लैत छी।'

डा. झा कहलथिन– अहाँ जाउ अपन अटैची लऽ कऽ गाम, हमरा ओतऽ अयबाक काज नहि।'

बूढ़ा कानऽ लगलथिन– कोना गप्प करैत छथि? हम एहि ठामसँ कोना घूरि जाउ। ओकर माँ जँ पूछत जे कतऽ कऽ दऽ अयलहुँ बेटीकेँ तखन कि कहबैक हम जे बाटमे जमायकेँ हाथ पकड़ा देलियनि।'

हमर पतिदेवो हुनका कहलथिन– मिथिलाक एहन संस्कार नहि छैक, पितातुल्य अतिथि छथि। ई जतेक दिन रहऽ चाहताह, हिनक स्वागत करिऔन।'

झा हिनकासँ सहमैत होइत कहलथिन– अपने जेना कहबैक।'

ससुरकेँ कहलथिन– चलू आब भाभट नहि पसारू।'

हमर पति बूढ़ाकेँ कहलथिन– प्रसन्न भऽ कऽ जाउ, झाजीकेँ बड़ प्रतिष्ठा छनि एतऽ। नीक लोकमे गनती छनि।'

तत्पश्चात् सबकेँ विदा करैत पतिदेव अपन स्टाफ सबकेँ कहलथिन– आजुक सोशल वर्कक अभियान समाप्त भऽ गेल।'

हम कहलियनि– एखन धरफराउ नहि। डाक्टर कोन रुखि लेत ई जानब आवश्यक तेँ कार्य बाँकीए अछि।'

बाघमारा बंगलादेशक बोडरबला लोक सबकेँ डाक्टरपर ध्यान रखबा लय कहि कऽ हमरा लोकनि घर घुरि अयलहुँ।

घटना नीक वा बेजाय जे होअय, मुदा अपन लोकसँ परदेशमे भेट भेलासँ ओ अपन भाषामे गप्प करबामे जे आनन्दक अनुभूति होइत छैक से कथा कहबाक जोग नहि अपितु अनुभवक जोग होइत छैक। गामसँ दूर भेने गाम-घरक संस्मरणो अभिभूत करैत रहैत छैक।

# हमर बाल सखीक संघर्ष

गामसँ दिल्लीक लेल प्रस्थान करबाक एक दिन पहिने कतहुसँ खबरि पाबि हमर बाल सखी दौड़ल आयलि हमरासँ भेट करबाक लेल। भरि पाँज पकड़ैत बाजलि– भरोस नहि छल एहि जीवनमे अहाँसँ भेट भऽ पाओत।अहाँ तँ गामे आयब छोड़ि देलियैक। कतेको लोकसँ पुछैत छलियैक– हमर गामबाली दिल्लीसँ नहि अबैत छथिन।'

ज्योति हमर नैहरक हमनाम बाल सखी ! ओकरा देखि बड़ सुखद आश्चर्य भेल। सुरुचिपूर्ण सुन्दर वेश-भूषा, संगमे छओ-सात वर्षक सुन्दर एकटा पोती।

हम कहलियैक– तोँ तँ आर सुन्दर भऽ गेल छह, एक्कोटा केशो नहि पकलह अछि।'

ओ खिल-खिला कऽ हँसऽ लागलि।

ज्योतिक स्मरणसँ एक एकटा स्मृति मधुर सरसराहटिक संग परत पर परत खुजऽ लागल। ज्योतिक पिता रामा पासवान हमर पिताक ओतऽ हरबाह छल। खूब नाम ओ चौड़गर शरीर, खालिए देहे गर्मीक दुपहरियामे बड़दकेँ हाँकि खुट्टामे बान्हि, पसेनासँ लथपथ माटिक दलानपर पड़ि रहैत छल। दलानक माटि ओकरा पसेनासँ भीजि जाइत छलैक, जेना निपा गेल होइक। पिता कहथिन– भरि दिन भुखले-पियासले सूतल रहबेँ ?'

ओ हँसैत बजैत छल– से नहि बुझलियैक। जहिया मलिकाइनिक हाथक मरुआक रोटी पनपिआइमे भेटि जाइत अछि, तहिया भरियो दिन जँ किछु नहि खाइ तँ कोनो फर्क नहि पड़ैए।'

हमरा तखन अपना माँ मोन पड़ि गेल। जाहि दिन कोनो कारणे रोटी पनपिआइ बनबऽवाली नहि अबैक तँ माँकेँ अपने जऽनक रोटी पकबऽ पड़ैत छलैक। हम आश्चर्यसँ देखैत रहैत छलियैक, थाकक थाक, भरि भरि

तबाक रोटी, दूनू हाथसँ थपाथप ओ बनबैत छलैक। जारनिपर सब रोटी बनैत छलैक। हरबाहक रोटी भारी आ जऽनक रोटी हल्लुक होइत छलैक। माँ बुझौने छलि जे– भारी रोटीक मतलब बेसी चिक्कसक आ हल्लुकक अर्थ कम चिक्कसक रोटी।'

हमर दादीकेँ जमिन्दारीक रोब-दाब देखल-भोगल छलैक से ओ जऽन-बोनिहारिनसँ बेगार खटयबामे परम माहिर छलि। तेहन पारंगत जे जानि-बूझि कऽ बोनिक तौलमे आध घंटा लगा दैत छलि, ताहि अभ्यन्तर ओकरासँ महुआक फूल सुखबायब, महुआक फड़ फोड़बाय तेलक लेल तैयार करायब। करंज (डिठबरन)केँ सेहो फोरबा कऽ ओकर तेल बनैत छलैक, घाओ-घोसमे एन्टीसेफ्टीकक काज करैत छलैक। गाम भरिक लोककेँ दरकार पड़ैत छलैक तँ सब दादीक लग पहुँचैत छल।

रामा हरबाहक बेटी अपना मायक संग सब दिन बोनि लेबऽ अबैत छलि। देखैत ओ बड़ सुन्दरि छलि। हमर माँ ओकरा बड़ मानैत छलैक।दादीक आँखि बचा हमर पुरान फराक आ खोँछिमे लाइ-मुरही भरि दैत छलैक। हमरा संग खेलयबाक कारणे अपन माय संग घर जाइते नहि रहैत छलि ओ।

आमक मासमे रामा गाछीक रखबारी करैत छल तेँ ज्योति अपनाकेँ सौँसे गाछीक मलिकाइनि बुझैत छलि। किन्नहुँ ओ एकटा टपकल आम ककरो छूबऽ नहि दैत छलि, किन्तु हमरा लेल तँ सदिखन ओ सदय रहैत छलि। धानक मासमे रामा खरिहानमे दाउन करैत छल। ओकरे बटाइवला खेतक धान रहैत छलैक। ओहि क्रममे एकबेर भोरे दिन हमरा सबकेँ खूब खेलयबाक अवसर भेटल। ओही काल अकस्माते दादीक ध्यान ज्योतिक नामपर गेलनि आब तँ दादी रामा दुनू प्राणीकेँ बजा कऽ कहलथिन– तोरा मोनमे विचार नहि भेलौक ! कोना हिम्मति पड़लौ, हमर पोतीक नाम छीनि अपना बेटीक नाम राखि लेलें।'

दुनूकेँ एक हजार बात सुनौलथिन दादी।

रामा हँसैत कहलकनि– गाममे ककरो नामकेँ लोक बिगाड़िए कऽ बाजत, से हमर माय मरैत कालमे कहि कऽ गेल जे बेटीक ज्योति नाम रखिहेँ। जँ बेटा हेतउ तखन अवध बिहारी, तेँ आब दादी ओकर कहल कोना टारितियैक।'

किन्तु दादीकें तँ बड़बड़यबाक कोनो ठेकान नहि छलनि। हमर माँ आबि कऽ कहलकनि– देखिऔ अहाँक पोतीसँ तँ वैह बेसी सुन्नरि अछि तखन किएक एत्ते पित्त उठइए ?'

दादी बड़बड़ाइत उठि गेलीह– कतबो सुन्नरि रहओ, चराओत तँ बकरीए ने। हमर पोतीक परतर होयतैक।'

हमर बाबूजी बड़ बुझौलथिन– समय बदलि रहल छैक माँ ! जाति-पाति, बड़का-छोटकाक अन्तर आब किछु नहि रहतैक। अहाँ एना नहि बाजल करिऔक। कुम्हार, तेली, डोम-चमार आब केओ अहाँक रैयत नहि अछि। तेँ ओकरा सबपर रोब चलौनाइ ठीक नहि अछि। सब एक बरोबरि होयतैक।'

किन्तु दादी कतऽ बाज आबऽवाली छलीह।

हम जखन गाममे छुट्टी समाप्त कऽ कऽ शहरमे पढ़ऽ लय जाय लागी तँ ज्योति अपन बकरीकें हँकने कतेको दूर धरि अरियातने जाय। ओहिकाल मोन संवेदनासँ भरि उठय जे ई किएक नहि पढ़ैत अछि ! हमर माँ दादीसँ चोरा-चोरा कऽ हमरवला कपड़ा आ मुरही-चूरा ज्योतिकें दैत रहैत छलैक। डेरापर जाय काल हम माँकें कहियैक– ज्योति सुन्दर अछि, ओकरे बेटी बना लिहें।'

समयक अन्तरालमे हम ज्योतिकें बिसरि जकाँ गेलहुँ। सुनलियैक जे रामा ओकर विवाह करा देलकैक। लड़का नोकरी करैत छैक।

एक दिनक गप्प छैक। हम किछुए दिन पहिने दुरागमन भऽ कऽ सासुर आयल छलहुँ। तखन पड़ोसक एकटा ननदि मीना आबि कहलनि– अहाँक नैहरक एकटा भोला पासवानक घरवाली अहाँक विषयमे पुछैत छलि। ओ कनियाँ ततेक सुन्दर छैक जे की कहू। ओ कहलक– दीदी हमरा कनेक भेट करा दियऽ हमरा अपन गामवालीसँ। मुदा ओकर सासु कहलकैक– जे बभनटोलीमे जयबाक प्रयोजन नहि छैक। ओ सब हमरा जातिक कोनो इज्जति नहि रखैत छथि तेँ ओ नहि आयलि। अहाँक लेल बड़ खेखनैत छलि जे ओ हमर मालिकक बेटी छथिन, हमर संगी छथिन। देखिते चीन्हि जयथिन।'

हमर सासु सब बात सुनि बजलथिन– आब तँ ओकरो सबकें पैसाक कोनो कमी नहि रहि गेलैक अछि, तेँ ओकर सासु एना बजलैक। बड़ अयलीह अछि ब्राह्मणसँ संगी-सहेली भनाबऽ। एतऽ अयबामे ओकर इज्जति चलि जयतैक।'

हम तँ चुप्पे रहलहुँ। किन्तु मोनमे भेल हमरासँ भेट करऽ लेल कतेक आतुर अछि ओ देखबाक मोन तँ हमरो छल, किन्तु ओकर सासु ओकरा कोना आबऽ दितैक। एहि ठामक बाभन दऽ तँ तहिना सुनैत छियैक।

मीना फट दऽ बजलीह– पुतोहु सुन्दर छैक, जबान छैक, तखन इज्जति तँ बचाबहि पड़तैक।'

आब बातकेँ हम आगाँ नहि बढ़ऽ देलहुँ। ओकरा दोसर दिस मोड़ि देलहुँ। सासुक स्वभाव हमरा बुझले छल। हमरा दादीसँ कम रूढ़िवादी नहि छलीह ओ। एक बेर जखन दार्जिलिंगक करस्यांग नामक स्थानपर हमर पति छलाह तँ ओ दू पेटी समतोला पठौलथिन। गामक लगेक दू गोटा छलैक। जे ओत्तहि क्लास फोरमे नोकरी करैत छल। ओ हमरा ससुरकेँ चिन्हैत छलनि– कहलकनि हम हुनकासँ पढ़ने छी।'

ओ सब दुपहरमे आयल छलैक, तेँ स्वाभाविक छलैक भोजन करायब। ससुर आंगन आबि हमरा कहलनि– हिनका दुनू गोटाकेँ भोजन करा दिऔन।'

सब किछु बनले छलैक। तखन हम सब खयनहुँ नहि छलहुँ तेँ किछु करऽ नहि पड़ल। भोजन कऽ कऽ दलानपर बैसि ओ सब कहलकैक– आब हमरा लोकनि चलब, अपनेक दर्शन भऽ गेल।'

एतबेमे हमर सासु बेटाक हाल-समाचार जानऽ लय दलानपर गेलथिन– कतऽ रहैत छी, कोन जाति छी, कतेक कमाइ छी ?'

सब किछु पूछि ओकरा लोकनिकेँ विदा कऽ आंगनमे बड़ प्रसन्न भेल अयलथिन, किन्तु थारी-कटोरी, गिलास देखिते पुछलथिन– ओकरा सबकेँ एही थारीमे खुऔने छलियैक ! जाति-पाति किछु नहि बुझैत छियैक? पीढ़ीपर बैसयबाक कोन काज छल ?'

आब बातक बातमे ओ अग्निश्च-वायुश्च भऽ उठलीह। तुरन्त आगि जरा धधकैत आगिमे सब बर्त्तनकेँ उठा-उठा फेकलथिन। हम तँ डरेँ घरमे पैसि गेलहुँ एहि दृश्यकेँ देखि कऽ। तेहनामे हम कोना साहस करितहुँ कोनो तथाकथित अछोपक पत्नीकेँ अपना घर बजयबाक।

ट्रेनक प्रतीक्षा करैत प्लेटफार्मपर बैसल छलहुँ। अकस्माते लगमे एकटा कनियाँ पहुँचलि– लाल चुनरी पहिरने, माथमे चमचम बिन्दी, सिन्दूरसँ भरल मांग। अपरूप सुन्नरि लागि रहल छलि ओ। पैरपर झुकि ओ गरदनिसँ लपटि गेलि– दीदी हमरा बिसरि गेलहुँ ?'

हम एक युगक बाद ओकरा देखने छलियैक। एक क्षण तँ चीन्हऽमे लागिये गेल। करेजसँ लगा कऽ कहलियैक– ज्योति कोना चिन्हितिऔक तोरा? तों तँ ततेक सुन्नरि भऽ गेलें अछि जे...!'

हमरा ओकर रूप देखि प्रसन्नताक सीमा नहि रहल। तुलसीदासजी लिखने छथि– "मोहहि नारि नहु नारि के रूपा"। किन्तु एतऽ तँ हमरा ओकर आकर्षक रूप देखि खुसीक ठेकान नहि छल। मोश्किलसँ दस मिनटक संग भेटल छल मुदा हमर बाल संगी ओतबे समयमे प्रसन्नतासँ चहकैत, विवाहसँ लऽ कऽ तखन धरिक कथा सुना देलक। ओ सुख-सोहागसँ भरल परितुष्ट छलि। ट्रेन पहिने ओकरे अयलैक। जाइत छलि पतिक संग नोकरीपर, अपना डेरापर। हम एतबे कहलियैक– ज्योति थोड़ेक पढ़ब-लिखब अवश्य सीखि लिहें, तोहर आदमी पढ़ल-लिखल छथुन।'

ज्योतिक उज्ज्वल दंतपंक्ति चमकि उठलैक– दीदी अहाँक कहल अवश्य करब।'

पुनः कनेक सकुचाइत कहलक– ओ अप्पन आ हम्मर नाम लिखब तँ कहिया ने सिखा देलनि। ओतऽ जा कऽ आरो प्रयत्न करबैक।'

पुनः हमहूँ अपना डेरापर अप्पन नोकरी, बच्चा सभक पढ़ाइ, घर-गृहस्थी आदि सबमे ओझरा गेलहुँ। ज्योतिक स्मृति नहि रहि गेल। गामो जायब बहुत कम भऽ गेल छल। जाइतो छलहुँ तँ बड़ कम समयक लेल। एक बेर गेलहुँ तँ भगवतीक पूजनक लेल संग-सँगोटमे जा रहल छलहुँ। अचानके आबि केओ हाथ पकड़लक, देखलहुँ तँ ई ज्योति छलि। ओ अपन बेटीसँ परिचय करौलक– दीदी ई कौलेजमे पढ़ैत अछि। एखन छुट्टी छैक तें गाम आयल अछि।'

बेटी सुन्दर आ स्मार्ट छलैक, चेहरापर शालीनता। कहलक– घर बनौलहुँ अछि। एक मिनटक लेल जँ पैर राखि दितियैक तँ हम धन्य भऽ जइतहुँ।'

संगमे बहुत लोक छलीह, शीघ्रता सेहो छल। कहलियैक– समय भेटने अवश्य अयबौ, तोहूँ अबिहें। आब तँ दुनूमे सँ केओ गामक नवकनियाँ नहि रहि गेल छी।'

मोनमे तँ कचोट होइते छल जे एतेक आग्रहपर ओकरा घर नहि गेलियैक। बाहरेसँ देखलियैक– बढ़ियाँ रंगल-ढौरल पक्का मकान बनौने छलि। टोलमे अधिकांश तँ झोपड़पट्टीए छलैक किन्तु ओकर रहन-सहनक अन्दाज ओकर

बेटीकेँ देखि कऽ लागि गेल छल। जीवनक क्षेत्रमे लक्ष्मी आ सरस्वती दुनूकेँ प्रसन्न करबामे प्रयत्नशील छलि हमर बाल सखी। बिना भेट कयनहि दिल्ली घूरि गेलहुँ। अयबाक करार पूरा नहि कऽ सकलियैक।

फेर अनेको वर्ष बीति गेलैक। आब वयसक देहरि नाँघि दादी-नानीसँ ऊपर आबि गेल छलहुँ, वार्द्धक्यमे आबि गाम जायब कम भऽ गेल। स्वास्थ्य सेहो अनुकूल नहि रहि गेल। मात्र पन्द्रह दिनक लेल गाम गेलहुँ। महानगरक किछु सुविधामे रहि ओकरहि संग जीबाक जे आदति पड़ि गेल छल, से सब तँ गाममे उपलब्ध नहि छल।

भोजनक उपरान्त जखन हम ज्योतिक संग बैसलहुँ तँ हमरा दुनू गोटाकेँ अपन नैहरक अतीतक कथा सब, अपन-ओकर विगत जीवनयात्राक कथा बतियाइत साँझ पड़ि गेल। ओकर नैहरमे आब केओ नहि छलैक। एकटा भाइ छलैक से सासुरमे रहि बोनिहारी करैत छलैक। ज्योतिकेँ एकटा बेटा आ एकटा बेटी भेलैक। दुनूकेँ ओ खूब पढ़ौलक। बेटीक विवाह भऽ गेलैक। जमाय एवं बेटी सीतामढ़ी कॉलेजमे प्रोफेसर छलैक। बेटा इंजिनियर बनि नीक फर्ममे नोकरी करैत छलैक। अपने पसिन्नक लड़कीसँ ओ विवाह कयलकैक। कनियाँ दरिभंगा मेडिकल कौलेजमे पढ़ैत छलैक। मकानक उपरका फ्लोरकेँ बेटा बनौने छलैक। ज्योतिक पति रिटायर भेलाक पश्चात् गाममे रहैत छलथिन। एतऽ आबि ओ खूब तीमन-तरकारी उपजबैत छलथिन। भरि दिन ओहीमे लागल रहैत छलथिन। कनेको एम्हर ओम्हर जयबाक समय हुनका नहि रहैत छलनि। टीशनराँ किछु किताब आ अखबार लऽ अनैत छलथिन। पोती ओकरा दुनू गोटाक अवलम्ब छलैक। कहियो पुतोहुक होस्टल जा कऽ नीक-निकुत दऽ अबैत छलैक। ओकर सब किछु देखि-सुनि हमरा आदर्श ओ खुशहाल परिवार लागल ।

हम ज्योतिसँ कहलियैक– तोरा देखने बुझबामे आबि रहल अछि जे आब निम्न जातिक जीवनमे बहुत परिवर्त्तन आबि गेलैक अछि। तोहर आदर्श परिवार देखि सेहो टोल-पड़ोसक लोककेँ तोरासँ सीख लेबाक भावना जगैत होयतैक।'

ज्योति विद्रूप हँसीक संग कहलक– दीदी एतबे देरमे कतेक किछु कहू। जिनगीमे कतेक तरहेँ संघर्ष कयलाक बाद आइ बच्चा सब एतऽ पहुँचल

अछि। परिवर्त्तन तँ भेलैक अछि दीदी, किन्तु से लोक-लोकपर निर्भर करैत छैक। ओहू समयमे अहाँक बाबूजी आ माँ कतेक नीक छलथिन। कनेको फर्क नहि बुझैत छलथिन हमरामे आ अहाँमे। पढ़ाइ-लिखाइ ओ नीक रस्ता पकड़ऽ लेल कहियासँ ने समय बदलि रहल छलैक। मुदा हमरा टोलमे चौदह-पन्द्रह वर्षक कयटा लड़का हथियारक संग ट्रेनमे चोरी ओ छीन-झपटक अपराधमे जहलमे पड़ल छैक। गनल-गूथल परिवार अछि जे नीक रस्ता पकड़ि चलैत अछि। मायो-बाप मोबाइल आ देशी कट्टा जँ बेटा राखि लेलक तँ पैघ लोक भऽ गेल, सैह बुझैत छैक। गुटका-पानसँ सब धिया-पुता मुँह भरने रहैत छैक। जिनगी एतेक सहज थोड़बे छैक। हमर पति अपने ओ बच्चा सबकेँ चाह धरि नहि पीबऽ दैत छलथिन। बड़ कठिन समय बितौलहुँ अछि। कम वेतनमे गुजर करब कतेक कठिन छैक। हमर पति कहैत छलथिन– नीक कार्य करब तँ बाभनक जीवन जकाँ हमरो सभक जीवन किएक नहि होयत।'

ज्योति बिहुँसैत बाजलि– अहाँ तँ सब किछु देखने छी जे केहन गरीबीमे हमर बालपन बीतल अछि। अहीँक कपड़ा पहिरि हम नमहर भेलहुँ। स्कूल जयबाक लेल कतेक तरसैत रहैत छलहुँ से अहाँकेँ मोने अछि ने ! अहाँ छुट्टीमे अबैत छलियैक डेरा परसँ तँ कहैत छलियैक– हम पढ़ा देबउ। किन्तु हमर माय दबारि कऽ हमरा बकरी चरबऽ लेल पठा दैत छलि। आइ हमरा सबमे नीको बुद्धि जँ ककरो भेटतैक तँ से नहि पसिन्न पड़तैक। भरि दिन बेटी-पुतोहु टी.भी.मे लागल ऐसन-फैसनक बुद्धि सिखैत रहत। ने धिया-पुताक सफाइपर ध्यान, ने पढ़ाइ-लिखाइपर ध्यान, ने घरक साफ-सफाइ पर ध्यान आ ने कोनो उद्यमपर ध्यान। जातिक नामपर गुण्डा, बदमाश सब नेता बनि गोली–छूड़ा चलबैत अछि। तकरा कोन परिवर्त्तन कहबैक !जातिसँ किछु नहि होइत छैक दीदी चरित्रसँ होइत छैक। ओहिमे की ब्राह्मण आ की छोटका !'

ज्योतिक ज्ञान आ आक्रोशपूर्ण चेहराकेँ हम आश्चर्यचकित भऽ देखैत रहलहुँ। जाय कालमे एकटा सारी ओ आंगी, बच्चाक कपड़ा तथा टका दऽ कऽ विदा कयलियैक। जानि नहि एहि जीवनमे फेर ओकरासँ भेट होयत की नहि ?

●

# कोरोना : किछु कटु-मधु अनुभूति

महाकवि विद्यापतिठाकुर रचित एकटा पदक किछु पाँती मोन पड़ैत अछि। कवि अपन शृंगारिक रचना लखिमारानीकेँ सुनबैत छलथिन। हुनक रचना सुनि ओ कविकेँ कहलथिन–

> कविवर ! जीवन नहि थिक अरुणाभ सिनुरिया सन पाकल,
> जीवनक मर्म किछु आओर अछि,
> पतझड़क एतऽ फुलवारी थिक...।

अर्थात लखिमाक भाव कविकेँ ई इंगित करबाक छलनि जे– कटु सत्य ई जे मात्र रासे-विलासटा जीवन नहि छैक। असमर्थता आ असमानता, निर्धनक पेटक भूख, कोरमे भूखसँ कुलबुलाइत बच्चा, कान्हपर बूढ़ माय-बापक भार, माथपर घासक बोझ, प्रखर रौदमे घामसँ बोदर गरीब श्रमिक, ओकर भूख आ पियासपर अपने कहियो ध्यान देलियैक?'

नगरमे अट्टालिका बना कऽ ओकरा चमकाबऽवला मजूर गाम-घर छोड़ि, परदेशमे आबि कठिन जीवन वितयबाक लेल विवश रहैत अछि। आ से कोरोना महामारीक कारण लौकडाउन सुरु होइते, अप्पन काजक ठौरसँ, ओ सब घरक बहारनि जकाँ फेका गेल– 'आगू नाथ ने पाछू पगहा'।हाथक पाइ सधिते ओकरा सबमे भूखक दानवतासँ सामना करबाक सामर्थ्य नहि रहि गेलैक। आब ओ की खायत? कतऽ जायत? कोना जायत ? बालबच्चा जँ संग छैक तँ ओकर भार आ जँ गाममे छैक तँ तकर चिन्ता? भयावह स्थिति भऽ गेल!

भूखल-पियासल, केओ जर्जर, केओ बिमार, केओ बूढ़, सब खाली पैरे माथपर मोटरी लेने बिना किछु सोचने-बुझने दुखदायी यात्राक लेल विवश भऽ गेल। गामक माटिमे पहुँचबाक अभियानपर बिना सवारी सब पैरे चलि देलक।बाटक उत्पीड़नक व्यथा कथाक अन्त नहि। एक ठाम पढ़ने छलियैक

से ओ पंक्ति स्मरण भऽ आयल–

कभी धूप, कभी बदलियाँ
दिलो जान से दोनों कबूल हैं
मगर उस नगर में ना कैद कर
जहाँ जिन्दगी की हवा ना हो।

थाकल-ठेहिआयल, पुलिस प्रशासनसँ नुकाइत, रेल लाइन पकड़ि, बाटमे जखन निद्राक पाशमे बेसुध भऽ ओही पटरीपर सूतल तँ सोलह गोट मजूरक झुण्ड मृत्युक दुर्दान्त मुँहमे समा गेल...। एहन अनेक व्यथा-कथा कहियो तथाकथित बड़्ड उन्नत समाज द्वारा देखऽ-जानऽ जोग नहि बूझल गेल।

मोबाइल आ टी.वी. पर देखल एहि हृदयविदारक दृश्य सबकेँ केओ बिसरि नहि सकैत अछि। कतेको प्रकारक अनहोनी भेल। गुड़गाँवसँ एकटा बेटी अपन जिजीविषासँ टक्कर लऽ कऽ बीमार पिताकेँ साइकिलपर बैसा दरिभंगाक लेल चलि देलक। बाटेमे कतको बच्चा, बूढ़ आ जवान कालकवलित भऽ कऽ गन्तव्य धरि नहि पहुँचि सकल। रस्ताक दुर्दशासँ जखन कोनहुँना गाम पहुँचल तखनो ओकरा कतऽ परित्राण ! अपनो सब कोरोनाक लसेरसँ डेरायल ! एखन धरि अप्पन जानल ग्रामीण आ पड़ोसी ढाठ-बाँससँ रस्ता घेरने !कोनहुँ कीमतपर भीतर प्रवेश देबऽ लेल तैयार नहि छल। अछूत जकाँ कोरैन्टाइन सेन्टरक शरण अन्तिम उपाय भेल।

ओना किछु एहनो परिदृश्य देखबाक सौभाग्य भेटल, जाहिमे गोटेक संवेदनशील लोक, सब ठाम यथासम्भव सहयोगी बनबाकलेल धनक संग-संग खतरा आ परेशानी उठाबऽ लेल प्रस्तुत रहलाह। प्रायः जतऽ-जतऽ सरकारी सहायता नहि पहुँचि सकल, ओतऽ मोनसँ अमीर लोक प्रवासी मजूरक भोजन आ अन्यान्य सुविधाक लेल अपन संचित धन सद्कार्यमे लगौलनि। अन्न, तेल, मसाला, साबुन, मास्कक मोटरी बना-बना, फोनक माध्यमसँ जानकारी जुटा कऽ गाड़ी भरि कऽ हाइवे आ रेल लाइनक कातमे बाँटऽ लगलाह। मुदा विश्वक एहन पैघ जन पलायनक संग अनन्त परेशानी मनुक्खक धैर्यक डेग-डेगपर परीक्षा लेबाक लेल सेहो लाइने लगौने छल। अबोध बालक-बालिकाक चुकिया स्वेच्छासँ फोरल गेल। अमृतलाल नागरक लिखल महादुर्भिक्षक कठिन समयक वर्णनमे हुनक पत्नी द्वारा सुनल लोकगीतक पाँती

अछि–

तेरे द्वार अति भीड़ लगी है
पास कैसे आऊँ माँ,
द्वारे तेरे भूखा खड़ा है
अन्न मिले घर जाऊँ माँ।

द्वारपर अति भीड़ लगैत छल, माँ सेहो अक्षम भऽ गेलीह करोड़ो भूखल लोकक पेट भरबामे।

एहन नकारात्भक वातावरणमे किछु सकारात्मक अनुभूति सेहो भेल। बूढ़-पुरैनियाँ सबकेँ अतिव्यस्त सन्तानक सान्निध्य सुख अनायासे भेटऽ लगलनि। लौकडाउनमे घरेमे आनलाइन होयबाक कारणे बाल-बच्चा आ बूढ़-पुरैनियाँक बीच अद्भुत, सुखद आ नूतन तादात्म्य स्थापित होअऽ लागल। परिवारमे प्रायः बिनु प्रयासेँ आपसमे सहयोगी बनवाक लेल मानसिकता बनऽ लागल। गृहकार्य आब खाली गृहणीयेक नहि सभक काज भऽ गेल। गृहणी सब यू-ट्यूब देखि-देखि कऽ नित नूतन व्यंजनक सन्धान कऽ कऽ बजारक जंक फूडसँ परिवारकेँ बचयबामे सफल होअऽ लगलीह। सामाजिक धारामे अभूतपूर्व परिवर्त्तन आयल, जाहिमे आनोकेँ सहयोगी बनबाक स्वतःस्फूर्त्त इच्छा जन्म लेलक। और तँ और बिन काज करौने परिचारक, सहयोगी आ प्रायः नोकर-चाकरकेँ सवैतनिक अवकाश देबऽमे कम्मे लोक पाछू हटलाह। राजा आओर रंक सभक पहिल प्रयास छल जे कोरोनासँ दूरी बनयवाक लेल कमसँ कम आदमीक सम्पर्कमे जाइ आ अपने लोकमे समटल रही।

लौकडाउन समाप्त भेलाक बाद पुनः अत्यधिक लोक द्रुतगतिसँ संक्रमणक चपेटमे आयल। मोन सदिखन दहशतिमे रहल जे आब कतेक त्रासदी देखबामे आओत! वैज्ञानिक लोकनि टीका बनयबामे सफल भेलाह। तथापि डाकदरक अनुसार अपन इम्यूनिटी बढ़ाउ, वैह रोगक प्रतिरोधक होयत। अनियमित जीवन शैलीक त्याग कऽ कऽ शारीरिक दूरी स्वीकार करैत, मानसिक एकजुटताक संग प्रकृतिक प्रति समावेशी होअऽ पड़त, दोसर आन विकल्प नहि अछि। कतबो विकसित किएक ने भऽ जाउ, जमीनसँ डेग हटिते धरामसँ खसबेटा करब।

# मातृत्वक ओ अनुभूति (नीनिया)

हमर बेटीकेँ सिविल सर्विसक ट्रेनिंगमे शामिल होयब अनिवार्य छलनि, तेँ आठ मासक नातिकेँ हमरा कोरमे दऽ, ओ ट्रेनिंगक हेतु प्रस्थान कयने छलीह। हम ओहि अवधिमे निनिया ओ लोरीकेँ, नातिकेँ कोरमे सुतबैत काल, वास्तविक स्थितिक आधारपर, मोनक भावसँ, शब्द चित्र उरेहैत छलहुँ। एखन ओ बच्चा अमेरिकामे प्रतिष्ठित पदपर अछि। किन्तु नानीक मोनमे ओकर तँ वैह सरूप बसल छैक जे ओकर नेनपनक छल। द्रष्टव्य थिक हमर ओ गीत–

बाबू चान सुरुज सन रूप, तोहर कारी घटा केस,
कजरारी नयना।
ओझरायल लट जटा, अलि चूमय मुख छटा,
मधु रस गुनगुना।।
शुचि अरुण अधार, नव पल्लव रसाल,
अटपट बयना।
बौआ हीरा मोती दाँत, तोहर चम्पा फूलक रंग,
दमकय सोन कंगना।।
बाबू मायक तोँ परान, बापक संचित अरमान,
नित नव कल्पना।
वन फूलय पलाश, मामा मोनक तोँ हुलाश,
जनि करय बतास मोरपंखी बियना।।
नाना नित उठि गाबय, चारू वेद बखानय,
सुर तुलसी केर मानस आनन्द मोहना।
बौआ नानीकेर दुलार, जहिना उमड़ल अषाढ़, मोन उगल अकाश,
सत रंगी धनुहा।।
बाबू बनू गुण आगर, भरि दीहह मोन गागर, यैह हमरो अशीश,
नानी देखय सपना।
हो नानी देखय सपना।

# पत्रात्मक रचना

# अकासफलक चिट्ठी : कनबाक कुप्रथा

प्रिय अकासफल !

दिन पाँचेक भेलैक अछि, हमरा मोहल्लामे एकगोट बड़ मजगर घटना घटल। मोहल्लाक एक कोनपर एक गोट साहेब बहादुरक बंगला छनि। साहेबबहादुर छथि तँ मैथिले, परंच ठाठ-बाट अंग्रेजी छनि। परिवारोक लोक 'माइजी' नहि, मेमसाहेब जकाँ व्यवहार रखैत छथिन। तेँ मोहल्लाक स्त्रीगण-समाजकेँ ओहि बंगलावासिनी लोकनिसँ कोनो अपेक्षा नहि। हमरा लोकनि मानि लेने छलहुँ जे आधुनिक सभ्यताक रेसमे बंगलावासिनी लोकनि ततेक अगुआयलि छथि, जे हमरा लोकनिक हेतु हुनक संग पूरब सम्भव नहि।

एम्हर सुनल गेल छलैक जे साहेबबहादुर अस्वस्थ छथि। आब ओहि रातुक बात सुनह। रातिक दस बाजल छलैक। मोहल्लाक लोक शय्यासीन भेले छल कि बंगलासँ अनायास स्त्रीगण सभक बड़े जोरसँ जेना हाक पाड़ि कऽ कानब सुनना गेलैक। सौंसे मोहल्ला साकांक्षा भऽ उठल। घर-घरसँ पुरुष सब बहरा कऽ एक दोसरसँ पूछऽ लगलथिन जे– बंगलाक की समाचार छैक ?' सब गोटे यैह निश्चय कयलनि जे साहेब बहादुर अस्वस्थ छलाह, सम्भवतः हुनका किछु भऽ गेलनि। सब केओ सहानुभूतिसँ अपरोच करऽ लगलाह। विचार होअऽ लगलैक जे एहना परिस्थितिमे पड़ोसियाक नाते हमरा लोकनिक कर्त्तव्य अछि जे एहि विपत्तिमे ओतऽ जाइ एवं यथोचित कर्त्तव्यमे सहायक होइयनि। मुदा बंगलाक 'एलसीसियन' कुकूरक भयसँ अधिक लोक तँ ठाढ़े रहलाह, परंच तीन-चारि युवक लोकनि साहस कऽ बंगला दिस विदा भेलाह।

किछु काल धरि साहेबबहादुरक असामयिक निधनक चर्चा एवं मेमसाहिबाक आसन्न विपत्तिक प्रति सहानुभूतिक प्रसंग गप्प होइत रहल। तावत् नवयुवक लोकनि घुरलाह। समाचार अनलनि जे साहेबबहादुर तँ कहिया ने नीके भऽ गेलाह। ई तँ हुनक बहिन जे एही ट्रेनसँ सासुर विदा होइत छलथिन, तनिके कानब छलनि।

आब कहह हय अकासफल, केहन मजगर घटना भेलैक ! अएँ हय, सासुर जाइत आ नैहर अबैत काल कनबाक प्रथा आब बिगड़ैत-बिगड़ैत कोन रूप धारण कऽ रहल अछि तकर अनुभव करह। एहिमे कोनो सन्देह नहि जे सासुर जाइत काल नैहरक लोकसँ वियोगजन्य दुःखक कारण सभक आँखिसँ नोर खसबेटा करैत छैक। नैहर अबैत काल नैहरक लोकसँ अधिक दिनक उपरान्त मिलन भेलाक कारणे आनन्दाश्रुओ स्वाभाविके थिकैक, परंच राग-तान धऽ कऽ, पिहानी पढ़ि-पढ़ि आ ताहिमे 'आ-हा-हा'क अन्तरा दऽ कऽ ठोहि पाड़ि कऽ कनबाक प्रथा की थिक? आ एहन कानब जे साहेब बहादुरक बंगलासँ सूनल जाय, तँ लोक की बुझत ?

एहिसँ ई जुनि बुझिहह जे हम कनबाक उपहास करैत छियैक। हम तँ कहैत छियह जे एहन ककर पाथरक करेज होयतैक जे सासुर विदा होइत काल अश्रुपात संवरण कऽ लेत, परंच से कानब दोसर थिकैक। मैथिलीकेँ विदा करैत विदेह पर्यन्त कानि देने छलाह। शकुन्तलाकेँ विदा करैत काल कण्व जखन कहैत छथिन– "सर्वै रनुज्ञायताम्" तखन एखनो अभिज्ञान शाकुन्तलम् पढ़ैत काल आँखिसँ नोर खसि पड़ैत अछि, आ अपना बेरक तँ कथे जनि पूछह, से तँ तोहूँ बुझिते होयबह, परंच ई राग-तान धऽ कऽ अलाप देब आ गिड़गिड़ी भरबकेँ कोनो नीक प्रथा तँ नहि कहल जा सकैत अछि।

सम्प्रति मिथिलामे ई दृश्य घर-घर उपस्थित होइते रहैत अछि आ बड़ समारोहपूर्वक कनबाक प्रथाक पूर्त्ति कयल जाइत अछि। प्रथाक पूर्त्तिक हेतु झुण्ड बान्हि कऽ कनबाक अभ्यास करब, अपन असली भावनाक उपहास करब थिक।

हम जनैत छी जे काकी लोकनिक जीवैत एहि प्रथाक अन्त नहि होयतनि, परंच पढ़लो-लिखलि कन्या पढ़ि-लिखि जँ यैह वृत्ति करथि तखन हुनक पढ़बा-लिखबाक कोन फल ?

–तोहर अकासफल।

(मिथिला-मिहिर- 3 जून 1962)

# गुलाबक चिट्ठी : गंगाकातक कल्पवास

प्रिय गुलाब !

कार्त्तिक आबि गेल। प्रत्येक साल जखन कार्त्तिक अबैत छैक तँ हमरा ओ कार्त्तिक मोन पड़ि जाइत अछि, जाहिमे हमर बाबी गंगाकात कल्पवास करऽ गेल छलीह आ हम गेल छलहुँ हुनक टहल करऽ। ओ आनन्द जीवनमे फेर कहियो भेटबो करत तकर भरोस नहि अछि।

गंगाकातक एक विस्तृत मैदानमे ओ पुरी बसल छलैक। तरायकेर गोहियाक पुरी। पाँती जोरसँ बनाओल गोहिया सब ऊँच, नाम एके रंग आ सब गोहियाक मुँह पूर्वाभिमुख। बड़े योजनासँ बनाओल गेल छलैक ओ पुरी। बीच-बीचमे सुविस्तृत सोझ सड़कक हेतु स्थान छोड़ल। रातिमे इजोतक पर्याप्त प्रबन्ध। सैकड़ो गैस बत्तीसँ पूर्ण प्रकाशित। से, दूरेसँ देखला उत्तर एहन शोभायमान लगैक जे किछु पूछह जुनि।

कैक हजार कल्पवासिनी लोकनिक निवास। से, ब्राह्ममुहूर्तमे स्नानार्थिनी लोकनि स्नान कऽ कऽ मिथिलाक पारम्परिक टहंकारसँ जखन गंगास्तुति करैत छलीह, तखन बूझि पड़ैत छल जेना कोनो कल्पनालोकमे आबि गेल होइ।

तदुपरान्त पूजा-पाठ आओर पुराण-पाठ। से, जेम्हरे जाउ, कोनो-ने-कोनो पुराण-पाठ भऽ रहल अछि। व्यासगद्दीक समक्ष पलथी लगौने, गालपर हाथ रखने चित्र बनलि, ध्यानमग्न श्रोता लोकनि। एकटा एहन वातावरण, एहन वायुमण्डल व्याप्त बुझना जाइत छल, जाहिमे जन-जनकेर मोनमे स्वतः सद्भावना ओ सद्विचार उत्पन्न होइत छैक।

कल्पवासिनीमे गोट दसेक एहनो छलीह जे भरि कार्त्तिक निखण्ड निर्जला उपवासक व्रत लेने छलीह। प्रथम सप्ताहमे तँ हमरा सन्देह भेल जे एहि कठिन व्रतक निर्वाह कोना सम्भव भऽ सकतनि परंच क्रमहि जखन सप्ताहपर सप्ताह बीति चललैक तँ हमरा आश्चर्यक सीमा नहि रहल। नेता लोकनिक

उपवास मोन पड़ल। प्रथम सप्ताह बितैत-बितैत देशमे घोल मचि जाइत अछि आ दू सप्ताह बितला उत्तर तँ हुनक स्वास्थ्यक सम्बन्धमे साँझ-परात बुलेटिन बहराय लगैत अछि। आ से की तँ नेताजी लोकनिकेँ जल ओ कागजी नेबोक रस चलैत रहैत छनि, तखन। ई मूक तपस्विनी लोकनि एहि कार्त्तिकमे निर्जला उपवास कऽ लैत छथि, निराडम्बर। ने हिनक रक्तचापमे कोनो व्यक्तिक्रम, ने अनिद्रा व्याधिक कोनो उपद्रव। धर्ममे दृढ़ अनुरागसँ उत्पन्न इच्छा शक्तिक बलेँ, ई सब कोना हँसैत-बजैत समस्त कार्त्तिक निरन्न निर्जला बिता लैत छथि, से अधिक लोककेँ बुझहु योग्य नहि होइत छैक।

अनेक कल्पवासिनी तँ एहनो छलीह जे क्रमबद्ध बारह वर्षसँ सब कार्त्तिक गंगा कातमे बितौने छलीह। से सुनि-सुनि कऽ मोन होअय जे हिनक चरणरज माथ चढ़बितहुँ। से, कतेक चरण छुबितहुँ। परंच दुपहरक उपरान्त बेर खसला उत्तर जखन हुनका लोकनिक गोष्ठीमे बैसैत छलहुँ तँ झमा कऽ खसैत छलहुँ। वैह परनिन्दा, परचरचा, वैह आँखि बचा कऽ मुँह चमकौनाइ, वैह परस्पर उलहन-उपराग। बुझि पड़ैत छल जे कोनहुँना कोनो प्रेत औचकहिं स्वर्गलोकसँ उठा कऽ गाममे आनि कऽ पटकि गेल। मोनमे होइत छल जे युग-युगक व्रत-उपवास, साधना-तपस्याक की यैह ऋद्धि-सिद्धि भेटलनि एहि तपस्विनी लोकनिकेँ ! की ई समस्त साधना शरीरे मात्रपर भेल अछि, मोनपर की एकर रंच मात्रो प्रभाव नहि भेलनि? जँ सैह, तँ एहि विवेकहीन साधनासँ कोन फल?

एक दिन गोष्ठीमे हम कहलियनि– काकी लोकनि ! अहाँ लोकनिमे सँ जे सब बारह वर्ष कल्पवास पूरा लेने छी, से सब उद्यापनक रूपमे आब ई व्रत लिअऽ, गंगास्नान करैत काल ई सविधि संकल्प लिअऽ जे आइ दिनसँ परनिन्दा, परचर्चासँ परहेज रहब।'

तँ हमरा नेना कहि सब हँसऽ लगलीह।

कहलनि– एहनो कतहु भेलैक अछि।'

हम कहलियनि- नीक विचार जँ नेनो देअय तँ तकरा ध्यानमे रखबाक चाही। शुकदेवो तँ वयससँ नेने छलाह, मुदा लोक हुनक ज्ञानक आदर करैत छलनि की नहि ?'

एहिपर सब गोटे मुँह बिजका लेलनि।

तोँही कहह गुलाब, हम की कोनो अधलाह गप्प कहलियनि? देहकेँ व्रत-उपवासेसँ कष्ट दी आ मोन जँ विषाहे रहि गेल तँ एहन उपवास-व्रत कयने कोन फल !

गुलाब, तोँ एहि विषयपर अपन की विचार छह से लिखिहह।

–तोहर गुलाब

(मिथिला-मिहिर- 12 नवम्बर 1961)

●

# फूलक चिट्ठी : कपिलेश्वरक यज्ञ

प्रिय फूल !

फूल हय फूल ! तोँ नहि छलह से बड़ अपसोच भेल। कपिलेश्वर गेलि छलहुँ हमरा लोकनि– हम बाबी, काकी, बुच्ची सब केओ। यज्ञ छलैक कि ने। कपिलेश्वरमे महारुद्र यज्ञ भेल छलैक अछि।

से की कहियह फूल, बड़ सोरहा भेल छलैक। गामक सड़कपर आइ पाँच-छओ दिनसँ धर्रोहि लागल यात्री। आ सब ठाम एहि सोरहोक चरचा जे "सुनै छियै जे करीन लऽ कऽ घीउ पटबै छै होममे"। आ हमरा कल्पनामे स्पष्ट देखि पड़ैत छल जे नओ-दस हाथक करीन घीउक चभच्चामे चलि रहल छैक। आ जँ कनेक करीन टेढ़ होयतैक तँ छओ हाथक अवश्ये होयतैक। आ इहो बुझबा योग्य होअय जे यात्री लोकनिकेँ यज्ञ देखबाक ततेक आकर्षण नहि छनि जतेक करीन लऽ कऽ घीउ पटबैत देखबाक।

हाय रे हमर मिथिला ! जाहि ठाम गामे-गामे होइत नित्य-हवनक अगरु-धूमसँ एखनहुँ कटहरक पात सब धूमायित देखि पड़ैत अछि ताहि घरक सन्तान सब यज्ञक तमासा देखऽ जाइत छथि।

जे किछु मोन तँ अपनहुँ छल जे एहू बहाने एकटा पिकनिक तँ होयत। बाबीक कान भरलहुँ। बाबी जिद धयलनि जे– हौ बाबू, आब हम मरऽ किनार अयलहुँ, हम ई यज्ञ देखबे करबहु। हमरा गाड़ी जोता दैह। की होयतैक एक दिन बाओग बरदयबे ने करतैक।'

अन्ततः ककाकेँ मानहि पड़लनि। शुक्र दिन सन्ध्याकाल कहलथिन जे– बड़, नीक तँ काल्हिये सब गोटा जाइ जो।'

मुदा आहि रे बा, एके दिन लेल रविक मेला छूटल जाइत छल। जँ रवि दिन जायब तँ विद्यापतिक नचारियो सुनब आ यज्ञो देखब। बहुत दिन भऽ गेल छल सुनना। एहि बेर छओ-छओ मासपर अयलियह अछि कि ने हे फूल।

से मोन लागल छल। ओहि देशमे ई सब नहि ने होइत छैक। कयलहुँ की, रातियेमे सूतऽ काल कहि देलियैक जे हमरा ज्वर जकाँ बुझि पड़ैत अछि। बस कपिलेश्वरक मोटा बन्हले रहि गेल। भिनसर जा लोक उठय-उठय तावत तँ ककाकेँ नीके बहाना भेटल छलनि। बड़दकेँ हऽरमे पठा देलथिन। बाबी पुछलथिन तँ कहलथिन जे– हमरा तँ भेल जे मालती कनेक अस्वस्थ भऽ गेलि तेँ तोरा लोकनि आइ नहि जाइ जयबह। वेश तँ आब काल्हि। रवियो छैक।'

से रवि दिन भिनसरे हमरा सब विदा भेलहुँ। धुरिआयले पैरेँ बाबाकेँ प्रणाम कऽ यज्ञ देखलहुँ। यज्ञक आयोजन बड़े सुन्दर। सम्मिलित वेद-पाठक समवेत स्वर बड़े श्रुतिमधुर लागय। करीन एम्हर-ओम्हर तकलहुँ तँ कतहु नहि। हँ, पैघ-पैघ अरघा सब अवश्ये छलैक। मने सोरहोमे अरघाकेँ अतिशयोक्ति अलंकारमे "करीनक" संज्ञा तँ ने देल गेल छलैक हय ? मिथिले अछि, आश्चर्य कोन !

पूजा-पाठसँ निवृत्त भेलापर पिकनिक सम्पन्न करैत गेलहुँ। बाबी ओतेक लोकमे कऽर कोना उठबितथि तेँ ओ नम्हर कऽ घोघ तानि लेलनि आ हुनक बखरा घोघे तऽर कऽ दऽ अयलियनि।

हमर ध्यान तँ गीतगाइने सब दिस छल। नवतुरिया लोकनिक एक गोलमे गीत सुनऽ गेलहुँ। से की कहियह फूल? गीत सुनि-सुनि जे दम फुलऽ लागल। होअय जे आब सिनेमा भासक गीत छोड़ि कऽ अपना सभक भासमे गबैत जयतैक परन्तु रो कतऽ ! एकगर एक गीत जखन ओहिना चललैक तखन हमरा नहि रहि भेल। हम कहलियनि– हे अय, अहाँ लोकनि लाज-धाख घोरि कऽ पीबि गेलहुँ जे अपन राग-भास छोड़ि कऽ ई नरगिस-सुरैयाक चरणोदक लै जाइत छी ?'

ओ सब हँसऽ लागलि। क्रम तेहन सन जेना हम केहन बैकवार्ड होइ।'

एकटा प्रगल्भा बाजलि– ओ सब सुनबाक होअय तँ काकी लोकनिक गोलमे जाइ जाउ।"

दोसर बाजलि– आ ओहूसँ अधिक सुनबाक होअय तँ हमर गामपर आयब बाबी लोकनिसँ सुनबा देब।'

हय फूल, हमहीँ नक्कू बनि गेलहुँ आ ओ सब भभारो देबऽ लागलि।

हय फूल, अपना लोकनिक संस्कृति कोम्हर जा रहल अछि ! कोनो जातिक संस्कृति ओकर नारिये समाज द्वारा सुरक्षित रहैत छैक, से मिथिलाक महिले समाज जखन आधुनिकताक झोंकमे अपना संस्कृतिकेँ बिसरऽ लगतीह तँ ई जाति कतऽ भऽ कऽ रहत !

नीक भेलैक हय फूल, जे तोँ नहि छलीह, नहि तँ तोरा झगड़ा भऽ जइतह।

–तोहर फूल।

(मिथिला-मिहिर- 26 नवम्बर 1961)

●

# गुलाबक पत्र : बुच्चीक विवाह

प्रिय गुलाब,

बुच्चीक बियाह ठीक भऽ गेलैक। सुनलियैक अछि जे घर धनिक तँ बड़ छैक, मुदा चालि बड़ मोट छैक घरक। हय गुलाब, लाखे बड़ धनिक छैक, मुदा हमरा नहि पसिन्न। कारण, बुच्ची एहि बेर आइ.ए. मे गेलैक अछि। ओकर रहन-सहनक सुविधा कोन प्रकारक लाल कका देने छथिन सेहो जनिते छहक। बुच्ची कखनो चट्टीसँ नीचाँ पैर नहि रखैत अछि। कालेजसँ अबिते भौजी पानि लऽ कऽ दौड़ैत छथिन आ काकी पनिपिआइ लऽ कऽ। काकीकेँ होइत छनि जे नीचाँ राखब तँ बेटीकेँ चुट्टी लऽ जायत आ ऊपर राखब तँ चिल्होड़ि लऽ जायत। काकी कहियो बेटीकेँ एक गिलास पानि नहि ढारऽ दैत छथिन। कका-काकी सदिखन बुचियाकेँ मुँहे निहारैत रहैत छथिन।

हय गुलाब, सिनेमाक तँ बुचिया आदी भऽ गेल छैक। सिनेमाक एक्टर-ऐक्ट्रेसकेँ के कहय ओकर माय-बाप, दादा-दादी सभक नाम तँ ओकरा ठोड़पर रहैत छैक। एक दिन कहैत रहय जे– गय दीदी, बिनु सिनेमा देखने तँ जेना हमरा मोने नहि लगैत अछि।'

हय गुलाब, हालेक गप्प कहैत छियह, बुच्ची आ भैया, भौजी आ भौजीक माय सब केओ जगन्नाथपुरी गेल छलथिन। से समुद्रक कातक रंग-विरंगक 'सीन' सबमे रंग-विरंगक पोजमे तेहन-तेहन सुन्दर फोटो सब खिचा-खिचा कऽ अनलक अछि जे देखि कऽ आँखिकेँ सुख लागय। रूपो तँ तेहने छैक से रंग-विरंगक दृश्य संग ओकर तस्वीर तेहन सुन्दर लगैत छैक जे मोन हरि लैत छैक। हय गुलाब, आब तोँही कहह जे कन्या समुद्रक कातक सुखक रसास्वादन कयने अछि, जकरा मानस-पटलपर ओहि सुखक प्रभाव पड़ि गेलैक अछि, जे सदिखन असमानेपर रहैत अछि, ओकरा कल्पनामे तँ उड़नाइये ने औतेक ओ तँ माटिपर खसबाक कल्पना कहियो कयनो नहि होयत। तखन

ओकरासँ ई आशा करब जे एकर दाम्पत्य-जीवन सुखी होयतैक अर्थात् ई ओहि रंगमे रंगि जायत से कतऽ धरि सम्भव छैक ! जे अन्धकारमे अछि से प्रकाशमे आबि सकैत अछि। मुदा जकर आँखि आधुनिक आलोकक चकचोन्हियोमे नहि झिलमिलाइत छैक तकरा अन्धकारमे राखब कठिन।

एहन वातावरणमे पालन-पोषण भेल कन्याकेँ ओहि घरमे दऽ कऽ आशा करब व्यर्थ जे ई कुशल दम्पती भऽ सकतीह। तखन वैवाहिक जीवनक किछुओ सुख एहनकेँ प्राप्त नहि भऽ सकैत छैक आ ओकरे जीवन भार बनि जाइत छैक। ओ अपन अतीतक स्मरण कऽ कनैत रहैत अछि– जे की छलहुँ आ की भेलहुँ? जखन ई सोचऽ लगैत अछि, जे की छलहुँ तखन एकर यैह अर्थ जे ओकरापर बुढ़ाड़ीक प्रभाव पड़ि गेलैक अर्थात् जे आगाँ मुँहेँ नहि सोचि अतीतक स्मरण करय सैह भेल बुढ़ाड़ी। तँ जकरा जीवनमे बुढ़ाड़ी आबि गेलैक से तँ आगाँ किछु नहि कऽ सकत।

हय गुलाब, यैह सुख जँ कन्याकेँ अपना पति द्वारा प्राप्त होइतैक तँ तखन ओकर दोसरे मर्यादा रहितैक। आ तखने दाम्पत्य-जीवन सुखी रहितैक। मुदा ई सुख जकरा पहिने उपलब्ध भऽ जाइत छैक तँ से सुखदायक नहि दुखदायके होइत छैक। हय, स्मरण नहि छह, एक दिन कुमारिमे तोँ कनेक अपना काकीवला नेकलेश पहिरि लेने रहक तँ तोहर बाबी तोरा कतेक डँटने रहथुन जे– एखन कुमारियेमे ई सब पहिरलासँ जे लिखलो छल होयतौक सेहो गहना उतरि जयतौक।'

हय, एहिपर विचार कऽ कऽ देखहक जे एहिमे कोन रहस्य छलैक जे एखनेसँ एकर मोन बढ़ल रहतैक आ ई वस्तु सब जँ एकरा प्राप्त नहि भऽ सकतैक तँ पाछाँ एकरा कतेक अखरतैक। देखहक हय गुलाब, पुरनको लोक जखन एतेक सोचैत छलैक तखन आजुक अभिभावक लोकनि जे बिनु किछु सोचने, बिना किछु विचारने, विना भविष्यपर ध्यान देने जे कन्याकेँ एहन शिक्षा दैत छथि तँ से कहाँ धरि उचित करैत छथि? अभिभावक लोकनिकेँ तँ ई सोचबाक चहियनि जे तेहन शिक्षा दी जे कन्या धनिक घरमे जाय तैयो ओकर जीवन सुखी रहैक आ गरीब घरमे जाय तैयो ओ खुसी रहय। अगुआयल परिवारमे जाय तैयो आ पछुआयलमे जाय तैयो। मोटो चालिमे फिट कऽ जाय आ मेंहियो चालिमे मिलि जाय।

हय गुलाब, गार्जियनकेँ तँ ई चाही जेना कुम्हार आँकड़-पाथर बहार कऽ कऽ माटिक लोइया बना कऽ रखैत अछि आ जेहन बासन गढ़बाक मोन रहैत छैक तेहन बनबैत अछि तहिना कुमारि कन्याक अभिभावककेँ चाही जे कन्याकेँ तेहन बनाबथु जे जाहि घरमे जाय, जेहने घरमे ओकर बियाह होइक, ओ ताहिमे मिलि जाय, जेना दूधमे चीनी मिलि जाइत छैक। विशेष एहिपर तोँ अपन विचार अवश्य लिखिहह।

–तोहर गुलाब

(मिथिला-मिहिर- 8 मार्च 1964)

# गुलाबक पत्र : आय-व्ययक लेखा-जोखा

प्रिय गुलाब,

'लाख अरजिहह हे प्रभु, लेखा जनि लीहह हे' कोबराक एहि गीतक मर्म हमरा लोकनि उनटे बुझलहुँ। यद्यपि विवाह कालमे मिथिलाक नारी अपना पुरुषसँ उपयुक्त गीतक अनुसार समस्त अर्जित सम्पत्तिपर अपन एकाधिकार प्राप्त करैत छथि से सत्य, अर्थात् पुरुषकेँ उचित छनि जे अपन सोरहो आना अर्जन हमरा लोकनिक हाथमे दऽ देथि, आ कहियो ओकर हिसाब नहि माँगथि से सत्य; तथापि हमरा लोकनिक हेतु ई परम उचित अछि जे अपना बुझबाक हेतु ओहि अर्जनक प्रत्येक कैंचाक हिसाब राखी। आओर हिसाब मात्र राखी से नहि, व्ययपर नियन्त्रण सेहो राखी। अपना पारिवारिक 'बजट'सँ फाजिल व्यय नहि होअऽ दी।

'बजट' एकटा अंगरेजी शब्द छैक, जकर प्रयोग हमरा लोकनि मातृभाषहुमे करऽ लागल छी। 'बजट' शब्दक अर्थ छैक– अनुमानित आय-व्ययक लेखा-जोखा। अर्थात् पछिला-साल अथवा पहिला तीन-चारि साल धरिक आय एवं व्ययपर दृष्टि रखैत ई अनुमान करब जे चालू वर्षमे की आय होयत एवं कोन-कोन खर्च अनिवार्य अछि। ई अनुमान लगौला उत्तर लोककेँ अपना आर्थिक परिस्थितिक ज्ञान भऽ जाइत छैक। ई स्पष्ट बुझबा योग्य भऽ जाइत छैक जे आर्थिक दृष्टिसँ हुनक की स्थिति छनि।

वर्त्तमान युग अर्थप्रधान युग थिक। अर्थात् एहि युगमे सब काज अर्थेपर निर्भर करैत छैक। तेँ शिक्षित समाजमे ई परम्परा बनि गेल छैक, जे कोनो काज आरम्भ करबासँ पूर्व लोक अपन बजटपर अर्थात् अनुमानित आय-व्ययपर ध्यान दैत अछि आ जँ अपन अनुमानित आय कोनो प्रकारक व्ययक भार उठाबऽ योग्य बुझि पड़ैत छैक तखने लोक ओहि कार्यक सूत्रपात करैत अछि।

वास्तवमे पूछह तँ गुलाब, अपना बजटपर प्रायः सदा लोक विचार करिते टा अछि, तखन ई अवश्य जे अधिकांश लोक ई काज मुँहजबानिये कऽ लैत छथि। जे अनपढ़ छथि तनिक तँ कथे नहि ! साक्षरो लोकमे अपना परिवारक आय-व्ययक लिखित 'बजट' बनयबाक प्रवृत्ति विरले अछि। आ ई विरलता मिथिलामे अत्यधिक अछि।

ई सत्य अछि जे मिथिलाक लोक अधिक धर्मप्राण होइत छथि, आ तेँ भगवानपर अधिक भरोस रखैत छथि। तेहनामे ओहि भरोसकेँ खढ़ जकाँ तीरि कऽ अपना आयक सम्बन्धमे दैवीलीलापर उचितसँ अधिक भरोस कऽ कऽ मनमाना व्यय करैत जाइत छथि। स्पष्ट अछि जे एहन स्थितिमे अधिक काल अर्थ-संकटमे पड़ि ऋणग्रस्त होइत रहैत छथि।

वास्तवमे हय गुलाब, पूछह तँ पारिवारिक बजट बनयबाक भार हमरा लोकनिमेसँ हुनकेपर छनि जनिका गृहिणी पद प्राप्त भेल छनि अथवा जे ओहि पदक उम्मेदवारीमे छथि।उम्मेदवार लोकनिमेसँ अधिकांश लोकक मोनमे ई गूड़ रहितेटा छनि जे हुनका अधिकार भेटबामे विलम्ब भऽ रहल छनि, परञ्च परिवारक बजटक सम्बन्धमे जँ हुनकासँ गप्प कयल जाइनि तँ हुनक ज्ञान नगण्य बुझि पड़तह। तेँ हमर ई परामर्श अछि जे प्रत्येक परिवारक गृहिणी अथवा उम्मेदवार गृहिणीकेँ अपना परिवारक लिखित बजट बनयबाक उद्योग करबाक चाहियनि।

बजट बनयबामे प्रधान विषय ई थिक जे आयक अनुमानमे कृपणता एवं व्ययक अनुमानमे उदारताक दृष्टिकोण राखल जाय। एकर अतिरिक्त पछिला साल अथवा पछिला दू तीन सालक आयपर दृष्टि राखल जाय।

बजट कोना बनयबाक चाही तकर एकटा नमूना नीचाँ दैत छियह–

## आय

अगहनी उपजासँ धान– मन।

अपना माल-जालक हेतु राखि कऽ अतिरिक्त नार-पोआरक टालक दाम– रुपैया।

रब्बी उपजासँ अन्न– मन।

अतिरिक्त भूसा– रुपैया।
भदवी उपजासँ– मन।
नोकरिहारा समांग जे मासे-मास पठबैथ होथि– रुपैया।
ऋणमे लगाओल अन्न अथवा टाकासँ सूदिक आय– रुपैया।
गाय-महिंसिक दूध-घीक बिक्रीसँ– रुपैया।
अन्य प्रकारक निश्चित आय– रुपैया।
जोड़– मन एवं रुपैया

## व्यय

बुतात खर्च साल भरिक– मन।
पर-पाहुनक हेतु– मन।
बीयाक हेत– मन।
साल भरिक वस्त्र– रुपैया।
बिमारीक औषधिमे– रुपैया।
ऋणक सूदि, जँ ऋणग्रस्त होइ– रुपैया।
कुसियारक खेतीमे– मन
नोतपुराइमे– रुपैया।

एवं प्रकारेँ नाना प्रकारक आय एवं व्ययक अनुमान कयल जा सकैत अछि।

आब प्रश्न उठैत अछि जे गृहस्थक घरक व्ययक तँ अनुमान कयलो जा सकैत अछि आयक अनुमान कोना कयल जाय? जखन कि खेतीक आय, बाढ़ि एवं रौदीक कारणे प्रायः अनिश्चित रहैत छैक। मिथिलाक अवस्थामे ई पराभव छैक से सत्य,परंच पछिला तीन-चारि सालक आयक हरा-हरी अनुमान लगौला उत्तर ई अटकर भेटब असम्भव नहि।

ओना बज्र खसलापर छत्ता कोन काज करत से ठीक, परंच ताहि कारणे छत्ता अकार्यक वस्तु नहि थिक। सतत काल बज्रपाते नहि होइत रहैत छैक, नीको समय साल बीच-बीचमे अबित रहैत छैक। एकरा अतिरिक्त एहनो परिवार बहुत अछि जनिक आय निश्चित छनि। विशेषतः जाहि गृहिणीक पतिदेवता नोकरी पेशामे छथिन एवं ओ सपरिवार डेरापर रहैत छथि, तनिक

गृहिणीकेँ तँ बजट बनायब परम सुलभ काज छनि। वास्तवमे जँ हुनका बजट बनयबाक अभ्यास रहतनि तँ ओ डेरेपर नहि, गामोपर गेला उत्तर आय-व्ययक अनुमान कऽ कऽ अपन व्ययपर नियन्त्रण कऽ सकैत छथि एवं आयमे वृद्धि करबाक प्रेरणा दऽ सकैत छथि। तात्पर्य ई अछि जे गृहिणी मात्रकेँ अपना आयपर दृष्टि रखैत व्ययपर नियन्त्रण करबाक अभ्यास बनयबाक चाहियनि। एहूमे दू मत नहि भऽ सकैत अछि जे आय-व्ययक अनुमान कागतपर लिखने किछु लाभ अवश्य होयत।

ओना तँ सरकारी काज सहितमे अनुमानित आय-व्यय ओ असल आय-व्ययमे अन्तर पड़ितेटा छैक। कारण, अनुमान तँ आखिर अनुमाने होइत अछि। ओ अक्षरशः सत्य कोना उतरत ! परंच ई निश्चय जे अनुमान कयलासँ मनुष्यक आँखि खुजैत छैक। ओकरा अपना भविष्यक छाया भासित होअऽ लगैत छैक आ ताहिसँ ओ सावधान भऽ जाइत अछि।

अतएव शिक्षिता-गृहिणी एवं उम्मेदवार गृहिणी लोकनिसँ हमर ई निवेदन जे ओ अपना शिक्षाक उपयोग एहि काजमे अवश्य करथि।

जेठ बहिनिक कर्त्तव्य बुझि हम ई पत्र तोरा लिखलियह। मोनमे कोनो आन भावना नहि अनिहह। जेँ हमरा बुझने ई विषय आनो बहिन लोकनिक हेतु लाभप्रद भऽ सकैत छनि, तेँ हम ई पत्र 'मिहिर'मे प्रकाशनार्थ पठा रहल छियह।

-तोहर गुलाब

(मिथिला-मिहिर 10 दिसम्बर 1961)

# निबन्ध

# अभिशप्त मिथिला देश

मिथिलामे प्रचलित उगनाक कथासँ समस्त मिथिलावासी परिचित छथि। उगना साक्षात् महादेव छलाह जे विद्यापतिक शिव भक्तिसँ प्रसन्न भऽ हुनक चाकरक रूप धारणा कयलनि। एहि कथाक शाब्दिक रूप किंवा अर्थ जे किछु होइक किन्तु प्रतीकात्मक विश्लेषण कयलासँ स्पष्ट होइछ जे साहित्यक माध्यमसँ विद्यापति जाहि प्रकारेँ मिथिला क्षेत्रमे अध्यात्मक विकास कयलनि, ताहिसँ 'मथ्यन्ते शत्रोवा यस्याम'सँ मिथिलाक जे व्याख्या अछि से सार्थक भेल। किन्तु दुर्भाग्यवश विद्यापतिक पत्नीक दुर्व्यवहारसँ हुनक गृहसँ उगनाक पलायन मिथिला क्षेत्रसँ महादेवक पलायन छल आ विद्यापति आजीवन उगनाक अन्वेषणमे 'उगना रे मोर कतय गेलाह' करैत रहलाह, तत्पश्चात् अपन विरासत मिथिलावासीकेँ समर्पित कऽ एहि भौतिक शरीरक त्याग कयलनि, आश छलनि जे मिथिलावासी पुनः शिवकेँ एहि क्षेत्रमे ताकि कऽ लऽ अनथिन। किन्तु विद्यापतिक पश्चात् जे मिथिलाक इतिहास रहल अछि ताहिसँ एहन बुझना जाइत अछि जे मैथिल समाज शनैः शनैः उगनाकेँ बिसरि रहल छथि।

जाहि मिथिलामे साक्षात् सरस्वती वागमती किंवा व्याघ्रमतीक रूपमे प्रवाहित होइत छलीह आ जाहि कारणे घरक पनिभरनी पर्यन्त वेदान्तमे संवाद-निपुण छलीह। लक्ष्मी कमला रूपमे प्रवाहित भऽ एहि क्षेत्रकेँ धन-धान्यसँ समृद्ध कयने छलीह से मिथिला वासी आइ निरीह भेल छथि। काम-क्रोध-लोभ-मोह-मद एवं मात्सर्य रूपी आध्यात्मिक शत्रुकेँ मथि, ओहिपर आधिपत्य रखनिहार मैथिल समाज आइ मात्र अपनाकेँ विद्यापतिक वंशज कहि अपनहिँसँ अपन पीठ ठोकि रहल छथि।

वास्तविकता तँ ई अछि जे मिथिलावासीमे आवेशक कमी भऽ गेलनि अछि। ने भाषाक प्रति आवेश आ ने संस्कृतिक प्रति आवेश, और तँ और अपन

क्षेत्रक प्रति सेहो कोनो विशेष आवेश नहि छनि।अभिशप्त यक्षकेँ तँ कालिदास मेघदूतक माध्यमसँ उद्धार कयलथिन, किन्तु अभिशप्त मिथिलावासीक उद्धार पुनः कोनो विद्यापतिये सन महापुरुषक अवतारसँ सम्भव लगैत अछि।

आइ मिथिलावासी कौटिल्यक कूटनीतिकेँ बिसरि कुटिलतामे लीन छथि। स्थिति बड़ भयंकर अछि। प्रत्येक मिथिलावासी जावत धरि अपन हृदयक आत्ममंथन नहि करताह, अर्थात् बिसरल उगनाकेँ नहि तकताह तथा आध्यात्मिक शक्तिक संचय नहि करताह, तावत धरि वागमतीसँ सरस्वती, कमलासँ लक्ष्मी ओ कोसीसँ दुर्गा विलीने रहतीह।

जे मिथिलावासी छथि ओ सब मैथिल छथि– एहि भावनाकेँ हृदयमे धारणा करऽ पड़तनि। सभक हृदयमे अपन जड़ि (Roots)क प्रति सुषुप्त आह्लादकेँ आइ जगायब परम आवश्यक अछि। मैथिली भाषा किछु सीमिते लोकक बपौती आब नहि मानल जाय। आब जेना उतराहा बोली ओ समस्तीपुरक बोलीमे तँ अन्तर छैक किन्तु छथि तँ सब मिथिलेवासी। तेहिना सब जातिक बोलीक प्रति दृष्टिकोण बदलऽ पड़त तखने भाषा एवं जन्मभूमिक प्रति सभक मोनमे जागरण होयतैक आ उत्तरदायित्वक भावना जगतैक एकरा समृद्ध बनयबाक दिशामे।

एहि विमर्शक उद्देश्य मिथिलाकेँ वन्दनीया बनयबाक अछि। एहि क्रममे आधुनिक युगक दूटा महाप्राण जे हमर हृदयकेँ अनुप्राणित कयने छथि, हुनका दुनू गोटासँ जुड़ल जे दूटा अविस्मरणीय संस्मरण अछि तकर उल्लेख करबाक लोभक संवरण हम नहि कऽ पाबि रहल छी।

हमरा गामक पासवानक टोलक एकटा परिवारक स्त्री हमर संगी छलि। ओकर आ हमर एक्के गाममे नैहर छल तेँ बड़ आपकतासँ भेट-घाँट करऽ अबैत रहैत छलि। ओकर पति थोड़ेक पढ़ल-लिखल छलैक तेँ क्लास फोरक नोकरी सेहो ओकरा छलैक। यदा-कदा परिवारकेँ सेहो अपना संगे ओ डेरापर रखैत छल। संगति आ बाहर अयने-गेने, हमर ओ संगी अपनो संस्कारित छलि। अपना दुनू बेटा-बेटीक शिक्षा-दीक्षामे कोनो कमी नहि राखि दुनूकेँ उच्च शिक्षा धरि पहुँचौने छलि जे ओकरा समाजक वातावरणमे विरल वस्तु छलैक।

एक बेर ओ भेट करऽ आयलि तँ खिस्सा कहऽ लागलि जे–बेटीकेँ

पी-एच.डी. करयबाक लेल कोन-कोन प्रोफेसरक ओतऽ नहि प्रयास कयलहुँ, किन्तु जाति देखि केओ हमरा प्रश्रय नहि देलनि, कोनो ने कोनो बहानासँ टारि देलनि। तखन की कहू दीदी, एखनो अपना गाममे नीक लोक छथि। धन्यवाद देबनि स्वनामधन्य डा. प्रोफेसर रामदेवझाकेँ जे हमरा बेटीकेँ उबारि लेलनि। कहलनि अहाँ चिन्ता जुनि करू, हम अहाँक बेटीकेँ अपन पर्यवेक्षणमे पी-एच.डी. करायब। ओ हमरा लेल देवता भेलाह।

एखन हमर बेटी कौलेजमे लेक्चरर अछि तँ जमाय सेहो प्रोफेसर भेटलाह। हमरा सभक जातिमे ई कतेक मोश्किल काज भेलैक से अहाँ बुझिते छियैक। पी-एच.डी. नहि रहितैक तँ कतऽसँ एहन नोकरी भेटितैक !'

हमरा ओकर सब कथा सुनि कऽ बड़ श्रद्धा भेल प्रोफेसर साहेबक प्रति जे कोना पछुआयलकेँ आगाँ बढ़यबाक दिशामे उदारता देखौलनि।

दोसर स्मृति हमर मानस-पटलपर अबैत अछि से ई जे हमरा पिताजीक परम आदरणीय मित्र छलथिन प्रो. डा. लक्ष्मणझा। ओ मिथिलाक बड़ पैघ विद्वान छलाह। एकबेर पिताजी विवाहक बाद हमरा दुनू गोटाकेँ लऽ कऽ हुनका ओतऽ गेलाह। पिताजी हुनका कहलथिन– अपनेक आशीर्वादक हेतु अनलियैक अछि।'

ओ बड़ प्रसन्न भेलाह। हमरा लोकनिकेँ घरक भीतर लऽ गेलाह आ अपन लाइब्रेरी-रूम समेत अन्य रूम देखौलनि। सर्वत्र परम सादगी एवं सुव्यवस्थित। अन्हारोमे छोट सन वस्तु तकलापर भेटि जइतय आ साफो-सुथड़ा तेहने। जीवनमे कोना रहबाक चाही तकर सीख ओ देलनि। ओ पिताजीकेँ कहलथिन– चारिटा विद्यार्थी शोधक लेल हमरा अन्डरमे छथि, किन्तु हमर शर्त्त जे हमरे जकाँ सादगीसँ हमरा ओतऽ सबकेँ रहऽ पड़तनि। सुव्यवस्थित रूपमे सबटा काज अपनहिंसँ करऽ पड़तनि। स्वपाकी रहि सबटा रूटीनक पालन करऽ पड़तनि। जँ स्वीकार होइनि तखने हमरा ओतऽ रहि सकैत छथि। कोनो समयमे हम हुनक रूम देखि सकैत छियनि। मिथिलाक्षरक अभ्यास रिसर्चक पहिल पाठ सभक होयतनि किएक तँ मिथिलाक लेल ई परम आवश्यक अछि।'

हमर पतिदेव पुछलथिन– हमर एकटा प्रश्न अछि जँ अपनेक आज्ञा होअय तँ ?'

ओ कहलथिन– हँ हँ अवश्य पुछू।'

हिनक प्रश्न छलनि– स्टैण्डर मैथिली ककरा बुझल जाय? स्थान-स्थानक मैथिलीमे फर्क छैक, तखन अपने ककरा परिमार्जित मैथिली कहबैक ?'

हुनक भृकुटि कनेक तनि गेलनि। कनेक दबारैत जकाँ कहलथिन– अहाँकेँ ई बुझल नहि अछि जे एहि वैरियरकेँ हम मिथिलासँ कहिया ने हटा देने छियैक। अएँ औ, मायक कतहु सुरति देखल जाइत छैक, माय तँ जाहि रूपक रहैत छैक सैह प्रिय लगैत छैक। ओहिमे स्टैण्डर मैथिलीक प्रश्न कतऽसँ अहाँक मोनमे आयल। जखन सब मिथिलावासीक भाषा मैथिली छैक से मानल जायत तखने समाज समृद्ध होयत।'

चलऽ कालमे मिथिलाक्षर पोथीक एक प्रति आ गायत्री मन्त्रक एक प्रति देलनि आ कहलनि मिथिलाक्षरक सम्बन्धमे फेर हम पुछबनि से मोन राखि लियऽ। हँ, गायत्री मन्त्रसँ स्त्री एवं शूद्रकेँ वंचित राखल गेलैक अछि, तँ हम तकर विरोधी छी।'

हमरा ओ विशेष रूपसँ कहलनि– तोँ अवश्य गायत्री मन्त्र पढ़िहह।'

ओहि स्थितिकेँ देखैत-सोचैत मिथिलावासीकेँ आइ ''शिव संकल्प मस्तु'' मानि चलऽ पड़तनि।

# मिथिलाक नारी

नारीकेँ तँ भगवान रानी बनबाक अधिकार देने छथिन। हुनक राज्य अखण्ड छनि। ओ प्रेमक राज करैत छथि। जतऽ प्रेमक शासन होइत अछि ओहि प्रेमक एकछत्र शासनमे क्यो हस्तक्षेप नहि कऽ सकैत अछि। नारी अपन गृहस्थी रूपी राज्यक एकछत्र रानी होइत छथि।

हुनका हाथमे परिवारक सदस्यरूपी प्रजाकेँ दण्ड, जहल, फाँसी धरि देबाक अधिकार छनि। हुनका लेल जहल यैह भेल जे पत्नी जँ अपना पतिसँ वार्त्तालाप बन्द कऽ देथि तँ ई पतिक लेल जहलसँ कम नहि भेल। पत्नी जँ अपना पतिकेँ अपना हृदयसँ निष्कासित कऽ देथि तँ ई पतिक लेल फाँसीसँ कम नहि। पत्नीक हृदयमे पतिक लेल पवित्र स्थान रहनाइये सब किछु छैक । पतिक कोनो कार्यक लेल जतेक पत्नीक प्रोत्साहनक महत्त्व अछि ततेक दोसर कोनो प्रोत्साहनक नहि। पत्नीक प्रोत्साहनपर आइ कतेक पुरुष महानसँ महान बनि गेलाह अछि। पूर्वमे पति जखन रणमे जाइत छलथिन, ओहि कालमे पत्नी हुनका प्रोत्साहित कऽ कऽ रणमे पठबैत छलथिन। ओहि प्रोत्साहनक असरि पुरुषपर रणभेरी बाजासँ अधिक होइत छलनि। की ओहि कालमे पत्नीकेँ अपन करेज पाथर नहि करऽ पड़ैत छलनि? परंच नहि, ओ कनेको पतिकेँ अपन मोनक परिस्थितिक भान नहि होअऽ दैत छलथिन, कारण ओ बुझैत छलीह जे हुनकेपर हुनक पतिक विजय निर्भर करैत छनि।

पुरुष दुनियाँ भरिक अपमान सहि सकैत छथि, परंच अपन स्त्रीक अपमान नहि। स्त्रीक एकटा अपमानपर ओ की सँ की कऽ सकैत छथि। गृहस्वामिनी परिवारमे अपन स्नेह-डोरकेँ तेना ने पसारने रहैत छथि जे परिवारक कोनो सदस्य हुनक उपेक्षामे मुँह धरि नहि उठा सकैत छथि। ई सब देखला उत्तर तँ सबसँ आवश्यक नारीक हेतु ई देखल जाइत अछि जे कोन नारीमे राज करबाक कतेक गुण ओ कतेक कला छनि। से नहि सीखि कऽ जँ नारी

गलत बाटपर जा कऽ हाय-हाय करतीह आ पुरुषकेँ सरापथिन तखन तँ वैह हाल भेल जे– चलऽ नहि आबय तँ अँगने टेढ़।

नव युगक आलोकमे आबि कऽ मिथिलाक नारीक अपन जे खास सभ्यता छनि, तकरा ओ बिसरि रहल छथि। पढ़लि-लिखलि युवतीकेँ घरक काज-धन्धासँ जेना अरुचि उत्पन्न भऽ रहल छनि। हुनका मोनमे ई धारणा दृढ़ कऽ रहल छनि जे हमरा सभकेँ एहिसँ कोनो मतलब नहि अछि। हमरा लोकनिक जे सब पुरान संस्कृति अछि, जेना अरिपन लिखनाइ, विवाहक अवसरपर कोबर लिखनाइ आदि, से एकर सभक जेना लोप भेल जा रहल अछि। कोनो पढ़लि-लिखलि युवतीकेँ अरिपन देबऽ कहबनि तँ ओ झट दऽ कहि बैसतीह– ई सब मूर्खक काज थिकैक, हमरा एहिसँ कोन काज।'

ई कतेक क्षोभक बात भेल जे हुनका एहि लेल कनेको लाजो नहि होइत छनि। कनेक सिखबाक प्रयत्नो धरि नहि करैत छथि जे हम अपन माय-बाबीसँ कनेक नीके बनाबी। एहि प्रकारेँ अपना संस्कृतिकेँ बिसरि गेनाइ कतेक पैघ दुखक बात थिक? एकरा लेल हम आजुक शिक्षाकेँ जँ दोष नहि देबैक, तँ ककरा ?

नारी पढ़ि-लिखि कऽ गम्भीर नहि बनि उच्छृंखल बनि जाइत छथि। हुनका घरमे मोन नहि लगैत छनि आ बाहर सैर-सपाटाक हिस्सक भऽ जाइत छनि। यद्यपि दोसर पुरुषसँ बात करब कोनो अपराध नहि, परंच व्यर्थे बहरिया पुरुषक संग उच्छृखंलतापूर्ण बात कयने तँ कोनो लाभो नहि। जाहि मिथिलाक संस्कृति ई छल जे पूर्वमे पुरुषो धरि बिना माथपर तौनी रखने नहि बहराइत छलाह, तखन स्त्रीगणक कथे कोन? आ से आब पढ़लि-लिखलि स्त्रीगणमे गोटेके एहन भेटतीह जे अपन संस्कृतिकेँ कायम राखि कऽ माथपर आँचर रखैत होथि। ई बात कदापि मान्य नहि अछि जे माथपर आँचर धयने हुनका सुन्दरतामे बट्टा लगतनि आ खास कऽ जखन सब माथपर नूआ रखतीह तँ सहजे असुन्दरताक कथे कोन ! स्त्रीगणक लेल एहि प्रकारक शिक्षाक परम आवश्यकता अछि। एहन शिक्षाक नहि जे हमरामे उच्छृखंलता आनि देअय।

कतेक दुःखक विषय थिक जे जाहि कार्यक साधन लेल नारी पर्दा तोड़ि घरसँ बाहर आबि रहल छथि, ओहि लक्ष्यक प्राप्ति नहि कऽ कऽ ओ लोकनि बीचेमे भटकैत रहि गेलीह। अर्थात् ओ लक्ष्य हुनका लोकनिकेँ प्राप्त नहि

भऽ सकलनि आ हुनक अवस्था पूर्ववते रहि गेलनि। ओ ने घरक रहलीह आने बाहरक। हुनका वास्तविक राजक प्राप्ति नहि भऽ सकलनि अर्थात् स्त्रीगणक लक्ष्य तँ ई होयबाक चाही जे ओहि राजक प्राप्ति हुनका होइनि। स्त्रीगणकेँ जीवनमे सर्वप्रथम अपन घरकेँ महत्त्व देबाक चाही तखन बाहरकेँ। नोकरी हुनक 'साइड बिजनेस' होयबाक चाही। घर-गृहस्थी देखनाइ तँ हुनक प्रथम कर्त्तव्य होयबाक चाहियनि। स्त्रीगणक लेल ओहि शिक्षाक आवश्यकता अछि जकरा ग्रहण कयलासँ हुनक गृहस्थी सुचारु रूपसँ चलनि। गृहविज्ञान, ललितकला, सिलाइ-बुनाइ, गीतनाद गौनाइ, चित्र बनौनाइ इत्यादिमे हुनका पूर्ण निपुण रहबाक चाही। तखने ओ अपन लक्ष्यक प्राप्ति कऽ सकतीह। तखने हुनक राज पलटतनि आ ओ गृहस्थीरूपी राज्यक रानी भऽ सकतीह।

(मिथिला-मिहिर- 31 दिसम्बर 1961)

●

# पारिवारिक मनोमालिन्य

मनुष्य एकटा सामाजिक प्राणी थिक। तेँ ओ एसकर रहि कऽ प्रसन्न नहि रहि सकैत अछि। अतएव ओ चिरकालेसँ परिवारमे रहैत आयल अछि। परिवारक प्रत्येक प्राणी एक दोसराक सुख-दुःखकेँ अपन सुख-दुःख बुझैत अछि। एहि प्रकारेँ प्राणीक सुख आरो बढ़ि जाइत छैक आ दुःखक कटुता घटैत छैक। कारण, ओकरा अपना दुखमे परिवारक अन्य व्यक्तिसँ सेवा, सहायता आ सहानुभूति प्राप्त होइत रहैत छैक। परंच देखबामे अबैत अछि जे सम्प्रति परिवारक व्यवस्था किछु तेहन भऽ गेल अछि जे प्रत्येक परिवारमे कलहक साम्राज्य स्थापित भेल जा रहल अछि। पिता-पुत्र, भाय-भाय आ सासु-पुतोहुमे ओ सौहार्द नहि रहल जकर हुनकासँ अपेक्षा कयल जाइत रहल अछि। सासु-पुतोहुक कलह तँ प्रायः एकटा निश्चित विषय बनि गेल अछि।

जतऽ आदर्श रूपमे सासु-पुतोहुक सम्बन्ध एकटा परम पावन सम्बन्ध थिक, जतऽ दुनूक दुःख-सुखमे अन्योन्याश्रक सम्बन्ध रहल अछि ततऽ वास्तविक स्थिति ई भेटैत अछि जे अधिकांश परिवारमे पुतोहु आ सासु एक दोसरासँ असन्तुष्ट आ अप्रसन्न रहल करैत छथि।

वैज्ञानिक दृष्टिसँ विचार कयला उत्तर बुझना जाइछ जे मनुष्यमे स्वामित्वक लिप्सा चिरकालसँ चलि अबैत रहलैक अछि। ज्ञान-प्राणसँ प्रारम्भ कऽ जीवनक अन्तिम काल धरि ओ एही लिप्साक चक्करमे पड़ल रहैत अछि। अनेकानेक कष्ट सहि कऽ माय अपन बेटाकेँ पोसि-पालि कऽ समर्थ करैत छथि आ अपना मोनमे स्वामित्वक ई भावना संजोगने रहैत छथि जे जाहि पुत्रकेँ ओ पोसलनि अछि ओहिपर हुनक पूर्ण अधिकार छनि। आ ताही भावनाक भरोसे ओ मोनमे अनेकानेक अभिलाषा ओ आकांक्षा संजोगने रहैत छथि।

दोसर दिस ई काम-विज्ञानक साधारण नियम छैक जे विवाहक बाद पति-पत्नी एक दोसरा दिस अत्यन्त आकर्षित होइत छथि आ एक दोसराकेँ प्रसन्न कऽ अपनाकेँ सार्थक मानैत छथि।

बेटाक विवाहसँ पूर्व यद्यपि प्रत्येक मायक ई अभिलाषा रहैत छैक जे हमरो घरमे पुतोहु आबय परंतु अयला उत्तर जखन देखैत छथि जे हुनक बेटा एकटा नवागत 'परक बेटी' दिस असाधारण रूपसँ आकर्षित छनि तखन हुनका मोनमे स्वामित्वक ओ भावना जागि पड़ैत छनि जे प्रत्येक मनुष्यक स्वभावगत संस्कार थिक।

ओ बेटाक प्रत्येक कार्यकेँ, ओकर बाजल प्रत्येक वाक्यकेँ एहि दृष्टिकोणसँ परीक्षा करऽ लगैत छथि जे ओ पुतोहुक कारण अपन साम्राज्यक कोन अंशसँ कतेक बेदखल भेल जा रहलि छथि।

ओ कामान्ध युवक अपन जुआनीक अल्हड़पनमे एहि दिस दृष्टियो नहि दऽ पबैत अछि जे ओकर परीक्षा भऽ रहल छैक। ओकर प्रत्येक वाक्यकेँ, प्रत्येक कार्य-व्यवहारकेँ कसौटीपर कसल जा रहल छैक। ओ तँ अपन यौवनक मदमे 'हम सुनरा धनी सुनरी' एही भावनामे डुबल युवती पत्नीक रस-रंगमे अपनाकेँ पूर्णरूपेण निमज्जित कऽ देबऽ चाहैत अछि।

दुर्भाग्यसँ यदि ओहि परिवारमे कोनो एहन ननदि अछि जकरा बुद्धि-ज्ञान भऽ चुकल छैक तँ अपना मायक हृदयमे सुनगैत सन्देहकेँ ओ बियनिसँ होँकबाक कार्य करैत अछि। नान्हिटा बातकेँ नोन-मेरचाइ लगा कऽ तेहन तूल दऽ दैत अछि जे सासुक मोन पुतोहुक दिससँ विमन भऽ जाइत छैक।

अपना नैहरमे वधूकेँ जे प्रशिक्षण भेटैत रहलनि अछि से अधिकांशतः तेहने होइछ जे पुतोहु सासुकेँ अनावश्यक भार बुझऽ लगैत छथि। सासुर अयबाक पूर्वे वधू अपनाकेँ परिवारमे वा पड़ोसक परिवारमे जे किछु देखने रहैत छथि ताहिसँ हुनक अचेतन मस्तिष्कमे वैह छाप पड़ल रहैत छनि जे सासु एकटा झंझटि थिक जे हुनक दाम्पत्य सुखमे बाधा देबऽवाली अछि। ओ सासुक उपदेश आ प्रशिक्षणकेँ श्रद्धा सहित ग्रहण नहि कऽ ओकर अनुचित आशय बुझि अपना मोनमे एक-एक अभियोगक संग्रह करैत छथि। एहि प्रकारेँ घर क्रमशः बेटाक अनजानेमे एकटा रणभूमिमे परिणत भऽजाइत अछि। जाहिमे सासु आ पुतोहु दू विरोधी पक्षक समान आपसमे युद्ध करैत

छथि। बेटाक नजरि तखन खुजैछ जखन बात बहुत आगाँ धरि बढ़ि गेल रहैत अछि। ओ बेचारा अनुभवहीन युवक अवाक् रहि जाइत अछि ।ओकरा बुझबामे नहि अबैत छैक जे ओ की करय? गम्भीरतासँ स्थितिक वैज्ञानिक कारणपर विचारबाक क्षमता ओकरामे नहि रहैत छैक। आ अपना रंगमे भंग होइत देखि कऽ ओ खौँझा उठैत अछि। यद्यपि विवाहक पूर्वे ओ अपना मायपर अनेको बेर खौँझायल छल, एतेक धरि जे उग्रतर शब्दक प्रयोग सेहो कयने छल परंच ओहि कालमे मायक हृदयमे सन्देहक बीज नहि रहलाक कारणे बेटाक खिसिआयब कोनो क्षति नहि पहुँचा सकल छलैक। परन्तु एहि बदलल परिस्थितिमे बेटाक सामान्य खिसिआयब किंवा कोमल भर्त्सना एतेक धरि जे तटस्थता पर्यन्त मायक हृदयकेँ कठोर आघात पहुँचबैत छैक।

क्रमशः मायक हृदय जँ ओ गम्भीर स्वभावक रहलीह तँ भितरे-भितरे कुहरऽ लगैत छनि आ जँ ओ उग्र स्वभावक रहलीह तँ कर्कशाक रूप धारण कऽ लैत छथि। अपना मोनक खीस बहार करबाक लेल ओ अपन झगड़ाकेँ पड़ोसिनक इजलासमे पेश करैत अपनाकेँ पूर्ण निर्दोष आ पुतोहुकेँ नहि केवल अपराधियेटा अपितु अपना बेटाकेँ बहका कऽ अपराध-कर्ममे प्रवृत्त करबाक सम्पूर्ण उत्तरदायी साबित करबाक चेष्टा करैत छथि। प्रत्यक्षमे तँ ओ बेंच एहन होइत अछि जे विरोधी पक्षक सुनवाइ करब अनावश्यक बुझि एकतरफा डिग्री दऽ दैत अछि। परन्तु वास्तवमे ओही बेटाक सदृश पुतोहुक दुःखसँ द्रवित भऽ ओकरा सान्त्वना देबाक लाथेँ अपन नारदीय विद्याक प्रयोग करैत छथि । एहि प्रयोगमे साहित्यक सब रसक तथा अलंकारक प्रयोग देखिते बनैछ।

बेचारी अनुभवहीना पुतोहु नहि बुझि पबैत छथि जे एहि सहानुभूतिपूर्ण शब्द द्वारा हुनक और हुनक सासुक मध्य खाधि खुनल जाइत छनि। परिवारक सुख-समृद्धिमे आगि फूकल जाइत छनि। जाहिसँ हुनक वर्त्तमाने नहि भविष्यो, इहलोकेटा नहि परलोको बिगड़ि जयतनि। ऊपर जतेक कारण अछि ओ अनेक कारणमेसँ किछु एक अछि। देश, काल, पात्रक अनुसार एकरा अतिरिक्त अनेक कारण भेल करैत अछि, परन्तु उपर्युक्त कारण प्रायः प्रत्येक परिवारकेँ सासु-पुतोहुक कलहमे विद्यमान होइतेटा अछि। ऊपर जे किछु कहल गेल अछि ओकरा पढ़ि कऽ ई निष्कर्ष बहार करब अनुचित होयत जे बेटा आ पुतोहुक पक्षपात कऽ कऽ हुनक अपराधकेँ नगण्य आ सासुक अपराधकेँ गम्भीर प्रमाणित

करबाक चेष्टा कयल गेल अछि। वास्तवमे अपराध तँ दुनू पक्षक होइत छैक। परंच सासुकेँ ई बुझबाक चाही जे बेटा ओ पुतोहुपर एक प्रकारक नेनमतिक नशाक प्रभाव रहैत अछि। अतः चतुर मनुष्य जाहि प्रकारेँ नशाग्रस्त लोकसँ व्यवहार करैत छथि, हुनक बातकेँ अधिक महत्त्व नहि दैत छथि, हुनका द्वारा कयल गेल मान-अपमानकेँ अधिक महत्त्व नहि दैत छथि ओही प्रकारेँ सासुकेँ सेहो ओहि दिनक प्रतीक्षा करबाक चाही जखन निशाँक प्रभाव कम होयतैक तँ बेटा-पुतोहुक मानसिक अवस्था सामान्य स्थितिमे आबि जयतैक। हंसक ई जोड़ आसमानी उड़ानसँ थाकि कऽ जमीनपर उतरि जायत। माय जँ कनेक धैर्य राखथि तँ ई अवधि कोनो पैघ अवधि नहि होइत छैक। परन्तु हुनक असहिष्णुता परिवारकेँ नरक बना दैत अछि। बेटा आ पुतोहुकेँ सेहो ई उचित छनि जे ओहो सब सीमासँ बाहर नहि होथि। मर्यादाक संग रसोपभोग श्रेष्ठ उपभोग थिक। एहिसँ उपभोगक आनन्द सय गुण बढ़ि जाइत छैक। परन्तु जे निशाँग्रस्त लोक अछि तकरासँ की आशा कयल जाय ?

एहि प्रसंगमे हम एकटा कथोपकथनक किछु अंश उद्धृत करैत छी–

सासु- (अपन पतिसँ) जखनसँ पुतोहु आयलि अछि, छौँड़ा घरसँ बाहर पैर रखबाक नाम नहि लैत अछि।'

पति- छोड़ एहि पुरान गप्पकेँ। अहूँ जहिया आयलि रही तँ हम तीन मास कालेज नहि गेल रही।'

प्रत्येक परिवारक सासु जँ उपर्युक्त कथनमे ससुरक बातपर ध्यान देथि तँ हुनका अपन परिवारक कलहक मूल कारणक पता लागि जयतनि। यदि ओ हृदयसँ परिस्थितिक ओझराहटिकेँ सोझरयबाक चेष्टा करथि तँ हुनक परिवारसँ कलह समाप्त भऽ जायब सहज छनि।

(मिथिला-मिहिर- 1 दिसम्बर 1963)

# नारीक स्वतन्त्रता एवं सम्मान

साधारणतः पुरुष लोकनिक धारणा छनि जे नारी कहियो स्वतन्त्र नहि रहैत अछि। एहि सिद्धान्तक पुष्टिक हेतु हुनक कथन छनि जे विवाहसँ पूर्व स्त्री अपन पिताक अधीन, विवाह भेला उत्तर अपन पतिक अधीन तथा वृद्धा भेला उत्तर अपन पुत्रक अधीन रहैत अछि। यद्यपि ई सिद्धान्त शास्त्रीय थिकैक, तथापि पुरुष लोकनिकेँ बुझबाक चाहियनि जे एकर अपन खास मर्यादा छैक। मर्यादा ई जे पुरुषक अपेक्षा स्त्री शरीरसँ दुर्बल होइत छथि। अतः अपन रक्षाक हेतु हुनका पुरुषपर निर्भर होअऽ पड़ैत छनि। किन्तु एकर अर्थ ई नहि जे स्त्री कखनो स्वतन्त्र नहि रहैत छथि। यदि स्वतन्त्रताक विवेचन कयल जाय तँ कोनो व्यक्ति कखनो स्वतन्त्र नहि रहैत अछि। कारण, जे समस्त प्राणी सदिखन कोनो-ने-कोनो वस्तुक आश्रय लेनहि रहैत अछि। पुनः पुरुषो लोकनि तँ कखनो स्वतन्त्र नहिये रहैत छथि। कारण, जे धनोपार्जनसँ पूर्व पुरुषो लोकनि ककरो ने ककरो ऊपर तँ निर्भर रहिते छथि। जखन धनोपार्जन करऽ लगैत छथि तखनो ककरो अधीने रहैत छथि। वृद्धावस्थामे तँ जेहने वृद्ध माताक दशा तेहने वृद्ध पिताक। हँ, वृद्धावस्थाक पराधीनताक अनुभव पुरुष लोकनि वृद्ध भेला उत्तर बुझैत छथिन।

आब जतऽ धरि सम्मानक प्रश्न अछि, स्त्री लोकनि पुरुषसँ टपले छथि। नारीक तीन अवस्था होइत छनि– कुमारि, पत्नी तथा माता। जा धरि कन्या कुमारि रहैत छथि ओ देवी-स्वरूपा रहैत छथि। एकर प्रत्यक्ष उदाहरण कुमारि–भोजन थिक। वृद्ध एवं वयोवृद्ध पर्यन्त हुनक चरणस्पर्श करैत छथि। ई सौभाग्य पुरुषकेँ कहियो नहि भेटैत छनि। पत्नी भेला उत्तर नारी गृहलक्ष्मी कहबैत छथि। कारण, जे पत्नी जँ चाहथि तँ एहि भूतलपर स्वर्ग आनि सकैत छथि। अतः गृहस्थीक पूर्ण सुखक लेल पुरुषकेँ अपन पत्नीपर निर्भर रहऽ पड़ैत छनि। यदि पत्नी कुंजी ऐंठि दैत छनि तँ पुरुषक

जीवन उस्सर भऽ जाइत छनि। एकर अनुभव तँ भुक्तभोगी पुरुषे कऽ सकैत छथि। पुनः यदि कोनो पति बड़ पैघ स्थानपर रहैत छथि तँ कोनो सभा-सोसाइटीमे पतिक बगलमे पत्नीकेँ सेहो एकटा कुर्सी भेटैत छनि, परंच पत्नी जँ कोनो पैघ स्थानपर रहय तँ पतिकेँ ई प्रारब्ध नहि भऽ सकैत छनि। पुनः गाड़ीमे, सिनेमामे, सभामे तथा सार्वजनिक स्थानमे महिलाक हेतु विशेष स्थान रहैत छैक। अतः नारी अपन द्वितीय अवस्थामे सेहो पुरुषसँ विशेष सम्मान पबैत छथि। नारीक तेसर रूप थिकनि 'माता'क। माताक प्रशंसामे कतबो लिखल जायत ओ कम्मे होयत। जतऽ धरि सुखक प्रश्न छैक– माताकेँ जे वात्सल्य-सुख छनि तकर बरोबरिमे संसारमे कोनो सुख नहि छैक। पुत्र कतबो उच्च स्थानपर रहओ, परंच माताक आगाँ ओकर स्थान निच्चे रहतैक। माताक गौरवक विषयमे मनुक कथन छनि जे–

उपाध्यायान्दशाचार्य आचार्याणां शतं पिता।
सहस्रंतु पितृन्माता गौरवेणातिरिच्यते।।

पुनः माताक भाग्य केहन छनि से यशोदा मैया कहैत छथिन जे- 'मो सम भाग्य पूत नहि तोरा।' माताक प्रभुत्वक विषयमे एतबे कहब यथेष्ट होयत जे साक्षात् परब्रह्म परमात्माकेँ यशोदा मैया एकटा साधारण उखड़िमे बान्हि दैत छलथिन।

उपर्युक्त विचार परम्पराक निष्कर्ष जे सब स्त्री अपन भारतीय संस्कृतिकेँ आँखि मुनि कऽ पालन करैत, अपन पतिकेँ साक्षात् विष्णु बूझि सेवा करैत, अपन गृहस्थीकेँ स्वर्ग बनबैत, अपनाकेँ कखनो अपमानित, ओ हेय नहि बुझथु तथ। जँ कोनो पुरुष व्यंग्य करथिन तँ ओकर उत्तर आत्मगौरवसँ पूर्ण भऽ कऽ देथु जे– 'यत्र नार्यस्तु पूज्यन्ते रमन्ते तत्र देवताः।'

(मिथिला-मिहिर- 15 जुलाइ 1962)

# स्त्रीत्वक मर्यादा

स्त्रीगणकेँ पर्दा करबाक उद्देश्य यैह छलैक जे पर्दाक कारणे पुरुष आ स्त्रीगणकेँ एक दोसरासँ परहेज रहतनि। स्त्री-पुरुष काम विकारसँ मुक्त रहताह। एकटा प्रणाली छैक– ऋषशृंगी पालन-पोषण। एहिमे बालककेँ एहि प्रकारेँ शिक्षा-दीक्षा देल जाइत छैक जाहिसँ ओ अज्ञानमे रहय जे संसारमे स्त्री जातिक कोनो अस्तित्वे नहि छैक।

एहिमे ओकरा विजातिक दर्शन नहि कराओल जाइत छैक। एहि प्रकारेँ नियन्त्रण रखबाक फराक-फराक तरीका छैक जाहिमे एकटा स्त्रीगणक पर्दा प्रथाक पाछाँ किछु दूर धरि यैह मत निर्धारित छैक। परंच यदि एकरा नियमक रूपमे पालन कयल जाय ओ स्त्री-पुरुष एक दोसराक मुँह नहि देखय तँ सामाजिक जीवन अशक्य बनि जायत। ई बात दोसर छैक जे यदि क्यो ई सोचि अपन आँखि फोड़ि सूरदास बनि जाय जे आँखि रहलापर ई बिना पापी बनने नहि रहत तँ एकरा हम धर्मक नियम तँ नहि कहबैक। ई तँ ओकर अपन खुसी थिकैक। परंच इहो जँ अतिशयक रूप लेअय तँ एकरो रोकब कर्त्तव्य भऽ जाइत अछि। जेना धृतराष्ट्रक पत्नी गान्धारी जीवन भरि अपना आँखिमे टोपर बन्हने रहलीह। कारण, हुनक पति आन्हर छलथिन। अतः एकरा नियम बनायब तँ उचित नहि जे जकर पति आन्हर होइक से स्त्री अपन आँखि झँपने रहय। यदि कोनो साधु-ब्रह्मचारी ई नियम करथि जे हम स्त्री सहवासकेँ आठो प्रकारसँ त्याग करब तँ ई हुनक खुसीपर निर्भर करैत छनि। समाजमे ई नियम लागू कयला उत्तर तँ एकरा अतिशये कहल जयतैक। एहिना जँ कोनो सुन्दरि स्त्री अपना स्वेच्छासँ ई बुझि बुरका पहिरय वा घोघ तानय जे एहिसँ ओकर अपन वा पुरुषक रक्षा भऽ सकैत छैक तँ ई शिकायतक वस्तु नहि होयतैक। परंच एकरा धर्मक रूप नहि मानल जयतैक। यदि ई धर्म बनि गेल होइक तँ एकर विरोध करबाक कर्त्तव्य उपस्थित भऽ सकैत छैक।

अतः पर्दा प्रथा धर्मक नियम छैक से नहि कहल जा सकैत अछि। पर्दासँ स्त्री जातिक संगे अन्याय भेलैक अछि। एहि प्रथाक कारणे स्त्रीगणोक विकासमे बाधा पड़लैक अछि। अतः पर्दासँ यदि पुरुषक विकार किछु अंशमे शान्तो होइत होइक तँ एकरा धर्मक नियम नहि कहल जा सकैत छैक। पर्दो प्रथावला समाजमे भाइ-बहिन, पिता-पुत्रीक बीच पर्दा नहि कयल जाइत छैक। यदि पर्दा कयल जइतैक तँ एकरा अतत्तह कहल जइतैक। अतः धर्मक नियम तँ यैह छैक जे जैह व्यवहार अपन पुत्री-बहिन तथा पिता-भाइ आदिक संग कयल जाय सैह दोसरो स्त्रीगणक वा पुरुषक संग निमाहल जाय। अतः वास्तवमे धर्मक नियम तँ एकरे मानल जयतैक।

ई कतहु नहि देखल जाइत छैक जे अधिक पर्दावला समाजमे स्त्री वा पुरुषक शीलक स्तर ऊँच रहैत छैक। अपितु एकर विपरीत देखबामे अबैत अछि जे जाहि समाजमे स्त्री-पुरुष उचित मर्यादामे रहि कऽ काज करैत छथि तनिका जे संयम शक्ति रहैत छनि से पर्दा प्रथावला समाजमे नहि रहैत छैक। मुँह झाँपल रहलासँ विकार शान्तो भऽ सकलैक अछि तँ ओहिसँ विकार उत्पन्नो भऽ सकलैक अछि। जेना कोनो साधु-महात्मा मात्र नङोटियेटा पहिरने रहैत छथि वा कोनो गरिबहारि अभावग्रस्त रहलाक कारणे जे प्रायः नग्नावस्थामे रहैत अछि तकरा प्रति ककरो कोनो विकार नहि होइत छैक। कारण ओकर ओ अवस्था अभावक कारणे निर्दोष छैक। परंच समस्त अंग झँपलो रहने कोनो वेश्या लोकक मोनमे विकार उत्पन्न कऽ सकलैक अछि। कारण, ओकर प्रमुख ध्येय रहैत छैक विकार उत्पन्न करब। ओकर ध्येय रहैत छैक शृंगार विलासक।

आइकाल्हि फैशन छैक कम कपड़ा पहिरब आ शरीरक अधिक भाग खुजल राखब। खुजल गलाक बिना बाँहिक ब्लाउज ओ फ्रौक पहिरब। फैशनक कारणे एहन पहिरबकेँ निर्दोष नहि मानल जयतैक। कारण, एहि फैशनक पाछाँ ई ध्येय नुकायल छैक जे आकर्षण उत्पन्न करब। फैशन समय-समयपर बदलैत रहैत छैक। कारण, पुरान पड़लासँ ओ फैशन आकर्षणक सर्जन करबामे पूर्ण समर्थ नहि रहैत छैक। जँ कोनो गरीब लोक जे फैशन वा कला बुझि कऽ नहि अपितु अभावक कारणे कम कपड़ा पहिरैत अछि तँ ओकर पहिरनाकेँ निर्दोष बुझल जयतैक।

अतः हमरा विचारेँ स्थूल नियमक किछु अंशमे पालन करब आवश्यक होइछ। परंच से सीमे धरि। कारण, मर्यादोक मर्यादा होइत छैक । एहन नहि होयबाक चाही जे फुलवाड़ीक रक्षाक हेतु काँटक बेढ़ लगाओल जाय परंच ओ काँटक बेढ़ जँ फुलबाड़ियेकेँ गीड़ि जाय तखन तँ ओ रक्षकक बदला भक्षके ने कहाओत ! अतः वास्तविकतापर ध्यान दैत नियमक पालन करबाक चाही।

(मिथिला-मिहिर- 2 फरवरी 1964)

# विवाह एवं प्रेम

विवाह एवं प्रेमक सम्बन्ध यद्यपि अनादि कालसँ चलि आबि रहल अछि, किन्तु एहि सम्बन्धकेँ बीज-वृक्षक सदृश अन्योन्याश्रय नहि कहल जा सकैछ। कारण, जे विवाहक क्षेत्र बड़ सीमित अछि, किन्तु प्रेमक क्षेत्र महासागर सदृश तेहन समृद्ध अछि जे ओहिमे जे केओ जतेक दूर धरि डुबकी लगौताह से ततेक रत्न पौताह।

ई उक्ति जे विवाह दू आत्माक मिलन थिक से उचित, किन्तु ई मिलन विवाह प्रयुक्त दम्पतीक पारस्परिक हृदयानुरागसँ उत्पन्न प्रेमांकुरकेँ आध्यात्मिक रससँ सिंचन कयलासँ प्राप्त होइत छैक। कहबाक तात्पर्य जे विवाहक सम्बन्ध शरीरे मात्र धरि सीमित अछि। दू आत्माक मिलनक हेतु बिना प्रेमक आश्रय लेने कार्य नहि चलि सकैछ। कारण, जे जँ विवाहे मात्र दुनू आत्माक मिलन करयबामे समर्थ होइक तँ संसारक प्रत्येक विवाहित स्त्री-पुरुषक जीवन सुखी रहितैक। किन्तु डंकाक चोट दऽ कऽ कहल जा सकैछ जे प्रत्येक विवाहमे दुनू आत्माक मिलन नहि होइत छैक आ एहि विषयमे कोनो विद्वानक दू मत नहि छनि। पुनः विवाहक शाब्दिक अर्थपर विचार कयलासँ सेहो ज्ञात होइछ जे विशिष्ट प्रकारसँ वहन करबाक नाम विवाह थिक। अर्थात् संसार-यात्रामे स्त्री-पुरुष परस्पर एक-दोसराक विवाहक माध्यमसँ अवलम्ब रहैत छथि, किन्तु संसार-यात्रा नीक जकाँ कटय तकरा हेतु स्त्री-पुरुष दुनू गोटेकेँ आध्यात्मिक भूषण प्रेम द्वारा भूषित करऽ पड़तनि।

हँ, हम कहलहुँ जे प्रेम एकटा आध्यात्मिक तत्त्व अछि। एहि तत्त्वकेँ मनुष्य जतऽसँ प्राप्त करऽ चाहत प्राप्त भऽ जयतैक। प्रेम तँ सूर्यक प्रकाश थिक जे सबपर समाने किरण पसारैत अछि। एकर क्षेत्र ततेक विस्तृत छैक जकरा हेतु कोनो सांसारिक सम्बन्धक सीमा नहि छैक। भाय-बहिन, पिता-माता ककरो संग ई भऽ सकैछ। किन्तु विवाहक संग कोनो छूटि नहि

छैक। हँ, ई धरि अवश्य जे सब ठामक प्रेमक स्वरूप एके रंग नहि होइछ। व्यक्ति भेदसँ प्रेमक स्वरूपमे भिन्नता होइत छैक, किन्तु ओ भिन्नता केहन से शब्द द्वारा नहि कहल जा सकैछ। ई अनुभवक वस्तु थिक। यथा चीनी, गुड़, मधु सभक स्वाद मधुर होइत अछि किन्तु प्रत्येकक मधुरइ भिन्न-भिन्न होइछ जकर वर्णन करबाक सामर्थ्य शब्दकेँ नहि छैक। तहिना प्रेमोक सम्बन्धमे बुझबाक चाही।

तखन एकटा ई प्रश्न उठैछ जे विवाह एवं प्रेमक बीच सम्बन्ध कोन? तकर समाधान ई अछि जे विवाहो द्वारा प्रेमक उत्पत्ति होइत अछि। से तहिना जेना बीज एवं क्षेत्रक सम्पर्कसँ अंकुरक प्रादुर्भाव होइत छैक। किन्तु अंकुरक प्रादुर्भाव बीज एवं क्षेत्र दुनूपर निर्भर छैक। यदि क्षेत्र सरस हो एवं बीज सेहो अपन स्वाभाविक स्थितिमे हो तखन दुहूक सम्पर्क भेला उत्तर अंकुरक प्रादुर्भाव अवश्यम्भावी छैक। किन्तु दुहूमेसँ कोनोमे विकार अयलासँ अंकुरक उत्पत्ति अनिश्चित रहैत अछि। क्षेत्र केहनो सरस रहओ, मुदा बीज यदि भूजल होइक वा बीज केहनो पुष्ट होइक एवं क्षेत्र यदि ऊसर होइक ताहि अवस्थामे अंकुरक प्रादुर्भाव सम्भव नहि होइछ। सैह अवस्था छैक प्रेमक। पति-पत्नीमे जा धरि स्वाभाविक स्थितिक अभाव रहत ता धरि प्रेमांकुरक उत्पत्ति नहि भऽ सकैछ। पुनः अंकुर भेलो उत्तर ओकरा रसक सिंचन नहि कयलासँ जेना ओ मुरझा जाइत छैक तहिना प्रेमांकुरक उत्पन्न भेलो उत्तर स्नेह वारिक अभावमे ओकरो निष्प्राण होयबाक भय रहैत छैक।

वैवाहिक प्रेमक प्रसंग एकटा विवाद उपस्थित भऽ सकैछ। अर्थात् विवाहोपरान्त जे प्रेमक उत्पत्ति होइत अछि से की विवाहसँ पूर्व प्रेमक उत्पत्ति नहि भऽ सकैछ? थोड़ शब्दमे कही तँ ई भेल विवाहोत्तर प्रेम वा प्रेमोत्तर विवाह?

यद्यपि हम पहिने कहि आयल छी जे प्रेमक क्षेत्र बड़ विस्तृत अछि। अतः विवाहसँ पूर्वो प्रेम भऽ सकैछ, किन्तु उपर्युक्त विवादक समाधानक हेतु हमरा ई देखऽ पड़त जे विवाहक मूलभूत उद्देश्य जे दू आत्माक मिलन करायब अछि, से उद्देश्य कोन प्रेम द्वारा पूर्ण होइत अछि? प्रेमोत्तर विवाह द्वारा वा विवाहोत्तर प्रेम द्वारा? एहि दुनू दृष्टिकोणमे पूर्व एवं पाश्चात्य दृष्टिकोण निहित अछि। पाश्चात्य दृष्टिकोणसँ पुरुष एवं स्त्रीमे जखन पूर्ण प्रेमभाव भऽ जाइक तखन विवाह भेला उत्तर ओ प्रेम चिरस्थायी होइत अछि तथा

पूर्वक दृष्टिकोणसँ विवाह भेला उत्तर जे प्रेमोत्पत्ति होइत अछि से अलौकिक आनन्द प्रदान करैछ।

आजुक युगमे बहुधा लोक पाश्चात्य सभ्यतासँ प्रभावित अछि आ पाश्चात्य विचारधाराक समर्थक बहुतो भेटैत छथि, किन्तु जतऽ धरि हमर दृष्टिकोण अछि विवाहोत्तर प्रेम स्थायी होइत अछि। सिद्धान्त रूपमे तँ ई बड़ नीक बुझाइत अछि जे पुरुष-स्त्री जखन प्रेमक मर्म बुझि जाइत छथि, एक दोसराकेँ अपन अनुकूल जानि लैत छथि तखन विवाहोपरान्त दुहूक जीवन बड़ सुखपूर्वक कटैत छनि। परंच व्यावहारिक दृष्टिकोणक जतऽ धरि प्रश्न अछि ततऽ प्रेमोत्तर विवाह बहुधा असफल होइत देखल जाइत रहल अछि। कारण, विवाहसँ पूर्वक प्रेमालाप केवल शारीरिक सौन्दर्यपर निर्भर करैत अछि। ओहि समयक प्रेम केवल कामुक भावनासँ भरल रहैत अछि जकरा प्रेम शब्दसँ सम्बोधित करब सर्वथा प्रेम शब्दक अनर्थ व्याख्या करब होयत। विवाहोत्सवक आनन्द समाप्त भऽ जाइत अछि आ नव दम्पती जेना आकाससँ धरतीपर खसि पड़ैत छथि आ पति-पत्नीक हृदयमे एक दोसराक प्रति उदासीनताक बीज पड़ि जाइत छनि, तखन विवाहक पहिने बनाओल सुख-स्वप्नक महल छिन्न-भिन्न भऽ जाइत छनि। जाहि प्रेमोत्तर विवाहमे सतत तलाक देबाक स्वतन्त्रता रहैत छैक, पुरुष एवं स्त्रीकेँ परस्त्री परपुरुषक संग नाचब-गायब, आनन्द मनायब आदिमे छूटि रहैत छनि एहन विवाह कहियो दू आत्माक मिलन करयबामे समर्थ नहि भऽ सकैछ। ओना सब प्रेमोत्तर विवाह असफले होइत छैक सेहो कहब हमर घृष्टता होयत, किन्तु एतेक धरि हम अवश्य कहि सकैत छी जे आइ धरि हम जतेक प्रेमोत्तर विवाह देखलहुँ अछि से आत्माक मिलन नहि करा सकल अछि। विवाहोत्तर जे प्रेमोत्पत्ति होइत देखलहुँ अछि ताहिमे अधिकांश आजीवन संग जाइत देखलहुँ अछि। वैह प्रेम, प्रेम एवं विवाहक आर्ष व्याख्याकेँ पूर्ण करैत छैक।

कहबाक निष्कर्ष जे प्रेम एवं विवाह दुनू दू वस्तु थिक, किन्तु विवाहक मूलभूत उद्देश्यकेँ पूर्ण करबाक सामर्थ्य प्रेमेटामे छैक आ विवाह भेलो उत्तर यदि ओहि प्रेमक प्रादुर्भाव नहि होइक तँ पति-पत्नी एहि संसार यात्रामे एक दोसराक मार्गमे पुष्प नहि भऽ काँट बनल रहैत अछि।

(मिथिला-मिहिर- 24 मार्च 1963)

# नारी-चेतना परमावश्यक, मुदा...

अपना लोकनिक समाजमे नारी वास्तवमे मिसरीक ढेप थिकीह। जाहि प्रकारेँ देखल जाय, नारी सदैव माधुर्यसँ सदबद भेटतीह। माता वा पत्नी दुहू रूपमे नारीक हृदयमे कोमलता, सहिष्णुता, त्याग, संयम आदि आदर्शक कलकल निनादिनी सरिता सतत प्रवाहित होइत आयल छैक। वास्तवमे देखल जाय तँ परिवारक अस्तित्व नारियेक अस्तित्वपर आधारित छैक। आ जखन परिवार नहि, तखन समाजक गठन कथी लऽ कऽ? तँ ई निर्विवाद अछि जे समाजक मूल भित्ति नारी थिकीह। नारियेक त्याग-तपस्या एवं कोमलताक आधारपर मानव समाज कायम अछि।

हमरा जनैत नारी प्रेम ओ त्यागक मूर्त्ति थिकीह जे अपन मूक सहिष्णुतासँ, अपन त्यागसँ अपनाकेँ सोलहो आना मेटाय, पतिक आत्माक एक अंग बनि जयबाक सतत चेष्टामे रहैत छथि। एतऽ ई स्पष्ट कहने दोष नहि मानल जाय जे पुरुषमे अपनाकेँ मेटा देबाक सामर्थ्य नहि छनि। ओ जँ अपनाकेँ मेटयबो करताह तँ ओ शून्य भऽ जयताह। ओ कोनो पहाड़क खोहमे जा बैसताह आ सोझे-सोझ ब्रह्मसाक्षात्कारक स्वप्न देखऽ लगताह। ओ अपन अहंकारमे अपनाकेँ ज्ञानक मूर्त्ति बुझि परमात्मेमे लीन भऽजयबाक कल्पना करऽ लगताह।

नारी पृथ्वी जकाँ धैर्यमती थिकीह, शान्तिस्वरूपा थिकीह, सहिष्णुताक पराकाष्ठा थिकीह। नारीक अभावमे पुरुषक अस्तित्वे नहि रहि जयतनि। नारियेमे ओ शक्ति स्थित छनि, जाहिसँ पुरुष कायम रहैत छथि। कहल गेल अछि जे– "नारीर मध्ये रयेचे एकटि रसेर प्रकृति आह्लादिनी शक्ति, से शक्ति पुरुषेर मध्ये स्फुरित केर आनन्द, अनुप्रेरणा-मन्दिरेर निद्रित देवतार काने-काने बले जागरण गान, येमन नदीर पथे नामे वर्षार दल, तार सर्वांग आने बेग, तोले जोयार, ताके सक्रिय करे, छूटिये निये चले परम लक्ष्येर दिके। एइ

आह्लादिनी शक्तिर भाषान्तर दृछूछे चार्म (Charm)। चार्म (Charm) थेकेइ उत्पत्ति हय रोमान्स् (Romance)।

यद्यपि नारीमे एतेक गुण निहित छनि परंच लोकोक्ति छैक जे– बाड़ीक पटुआ तीत। एहन आदरणीया तँ नारी छथि, मुदा पुरुषक दृष्टिमे हुनक कोनो महत्त्व नहि। नारीकेँ पुरुष कनेको लोक कऽ कऽ नहि बुझैत छथिन। जे नारी पुजबाक योग्य कहल गेल छथि, ओहि देवीक संग पुरुषक तुच्छसँ तुच्छ व्यवहार होइत छनि। जाहि नारीकेँ पुरुष अपन जीवन-संगिनी, अपन अर्द्धाङ्गिनीक रूपमे ग्रहण करैत छथि, हुनका संग पुरुष पशुतुल्ये व्यवहार करैत छथिन। नारीकेँ गायक संज्ञा देल गेल आ गायसँ जेहन व्यवहार होइत अछि तहिना नारियोसँ कयल जाइत रहलनि अछि। पुरुष नारियोकेँ निमुँह धन मानऽ लगलाह। नारीक भावनाकेँ पुरुष लोकनि थकुचि देलनि आ नारीकेँ अबलाक संज्ञा दैत-दैत वास्तवमे नारी अबले बना देल गेलीह। ओ अपन अस्तित्वकेँ बिसरि गेलीह। नारीक सब सद्गुण हुनक दुर्बलतामे परिणत भऽ गेल। नारी अपनाकेँ वास्तवमे पुरुषक नौड़ी बुझि लेलनि।नारी पुरुषकेँ देवता बुझि अपन तन, मन, धन अर्पित करऽमे कोनो कसरि नहि रखलनि, परंच एकर वरदानस्वरूप हुनका ओहि देवतासँ की भेटलनि? तँ पुरुषक मारि-गारिटा मात्र। बेचारी नारी कनेक नीक बोल सुनऽ लेल, कनेक स्नेह पाबऽ लेल तरसैत रहैत छथि।

कहल जाइत अछि जे जीवनयात्राक रथ स्त्री-पुरुष दुहूक योगसँ चलैत अछि, ताहि स्थानपर पुरुष रथक एकटा पहिया नहि बनि स्त्रीकेँ ओहिमे जोति अपने मुहरापर बैसि टिटकारी दऽ कऽ टिकटिका रहल छथि। बेचारी नारी तँ सहजे अबला छथि। ओ मरि तँ सकैत छथि, परंच किछु कऽ नहि सकैत छथि। नारीक सबसँ महान् शक्ति छनि सहनशीलता आ सबसँ महान असरा छनि हुनका अपन नोरक। एही दुहूक अवलम्बन कऽ कऽ नारी पुरुषक सब आघातकेँ सहैत रहलीह। परंच कोनो अन्याय तँ अधिक दिन धरि नहि रहैत छैक। नारीमे चेतनाक संचार भेलनि। कतहुसँ प्रोत्साहनक प्रकाश भेटलनि। तखन नारी सजग भऽ कऽ देखलनि जे पुरुष लोकनि युग-युगान्तसँ कोन प्रकारेँ हुनका प्रति अन्याय करैत आबि रहल छथिन, ओ लोकनि कोन दशामे नारीकेँ पहुँचा देने छथिन। ई देखि नारी हाहाकार कऽ उठलीह, अपन अवस्था देखि कऽ ओ अपन माथ उठौलनि।

यद्यपि नारीमे चेतना अयलनि अछि आ ओ सजग भऽ कऽ बाटपर अयलीह अछि, परंच ओ बाट चौबटिया छल जतऽ आबि कऽ नारी चकचोन्हिमे पड़ि गेलीह। हुनका बाट देखौनिहार प्रदर्शन लोकनि पुबरिया बाट छोड़ि पछबरिया बाट धरा देलथिन। नारी ओहि बाटकेँ अपना कऽ पश्चिमक बिहाड़िमे पड़ि गेलीह, जे कि हमरा लोकनिक हेतु कनेको उचित नहि। एकरा अपनौने नाशक चरम सीमापर पहुँचने बिना कोनो दोसर उपाय नहि। ओहि परिस्थितिक कल्पने कऽ कऽ काँपि जाय पड़ैत अछि। तरहत्थीसँ आँखि मुनि लेबऽ पड़ैत अछि, ओतुक्का पारिवारिक असमंजस देखि कऽ। तखन ओकर नकल कऽ कऽ जे स्त्रीगण साइकिल चलायब आ मोटर चलायब प्रारम्भ कयलनि अछि से कहाँ धरि उचित थिक ! नारीकेँ एहि बातपर ध्यान देबाक चाहियनि आ चहियनि जे अपने बाट धऽ कऽ ओ लोकनि चलथि।

(मिथिला-मिहिर- 15 अक्टूबर 1961)

●

# पति-पत्नीमे समन्वय

आइ-काल्हि हमरा लोकनिक समाजमे पति-पत्नीक मध्य केहन समन्वय रहैत छनि, ई सब जनैत अछि। अधिकतर ई देखबामे अबैत अछि जे पतिकेँ पत्नीसँ नहि तुष्टि आ पतिकेँ पतिसँ नहि तुष्टि। पति अपनाकेँ पैघ बुझैत छथि आ पत्नी सेहो पतिसँ अपन दावा कोनो कम नहि रखैत छथि । पत्नी कोनो एहन कार्य कयलथिन जे पतिकेँ नहि पसिन्न होइनि वा पति जँ कोनो कार्य पत्नीक मोनक विरुद्ध कयलथिन तँ बड़े सोझ जकाँ पति-पत्नीक बीच महाभारत मचि जाइत छनि। प्रायः देखल जाइत अछि जे दुहू जेना सिंघमे सिंघ जोड़ने रहैत छथि। पत्नी पतिसँ हफ्फ भेल। ओम्हर पड़ोसिन लग दुखड़ाक रोदना पसारने आ घरक झगड़ासँ पतिक मोन उदास रहलाक कारणे मित्रगणक मध्य ओहो हँसी-ठट्ठाक शिकार बनल। एहि प्रकारेँ दुहूक जीवन घोर नरक बनल रहैत छनि। पारिवारिक जीवनक रसास्वादनसँ हुनक दुहूक जीवन वंचिते रहि जाइत छनि। पति-पत्नीमे नीक सम्बन्ध नहि रहलाक कारणे हुनका लोकनिक सन्तानोपर एकर नीक प्रभाव नहि पड़ैत छनि आ परिवारक अन्य सदस्य सेहो खुसी नहिये रहि पबैत छथि । एवं प्रकारेँ समस्त परिवार विषाक्त बनल रहैत अछि।

पति-पत्नीमे समन्वय नहि होयबाक कारणपर दृष्टिपात कयला उत्तर हमरा वेदान्त ओ सांख्य दर्शन मोन पड़ि जाइत अछि। अर्थात् पति अपनाकेँ वेदान्तक ब्रह्म तथा पत्नीकेँ माया बुझैत छथि। कहबाक तात्पर्य जे वेदान्तमे ब्रह्मक सोझाँ मायाक स्थान गौण पड़ि जाइत छैक। तथा एहि तरहेँ जेना वेदान्तमे भाषा ब्रह्माक हाथक खेलौना बनल रहैत छथि, तहिना पति लोकनि पत्नीकेँ अपना हाथक खेलौना बनबऽ चाहैत छथि। एम्हर पत्नी अपनाकेँ सांख्यक प्रकृतिये बुझैत छथि आ पतिकेँ निष्क्रिय-प्रकृति पुरुष। प्रकृति-पुरुष तँ स्थूल छथि। सांख्यक प्रकृतिक सोझाँ स्थूल प्रकृति पुरुषक किछु अस्तित्वमे

नहि छनि। अर्थात् प्रकृति-पुरुषकेँ क्रियाशील करबाक शक्ति प्रकृतियेकेँ छनि। तथा नारियोकेँ अपना पतिक प्रति यैह धारणा छनि जे पत्नीये पतिकेँ क्रियाशील करैत छथि।

पति-पत्नी अपन-अपन निजी दृष्टिकोणकेँ तेजि जखन अन्हरा ओ नेँगड़ावला कथाक अनुकरण करथि तखन समन्वय भऽ सकैत छनि, जेना एक-दोसराक आश्रय लऽ कऽ अन्हरा ओ नेँगड़ा झड़कि कऽ मरबासँ अपनाकेँ बचौलक। तहिना पति-पत्नी सेहो एक दोसराकेँ प्रधानता दऽ कऽ अपनामे समन्वय स्थापित कऽ सकैत छथि। तखन हुनक सुखक दिन घुरि सकैत छनि। बिना एक दोसराक महत्त्व देने किनको महत्त्व नहि भऽ सकैत छनि। अपन महत्त्व बढ़बऽ लेल दोसरकेँ महत्त्व देब परम आवश्यक।

हमरा एहि प्रसंग एकटा कथा स्मरण भऽ आयल अछि। एक दिन नारदजी श्रीरामजीसँ जखन 'रामेश्वरम्'क स्थापना भेल छलैक, तखन पुछलथिन जे रामेश्वर शब्दक की अर्थ? तँ श्रीरामचन्द्रजी कहलथिन जे– रामस्थ ईश्वरः षष्ठी तत्पुरुष, अर्थात् महादेवजी।'

यैह प्रश्न नारदजी महादेवसँ पुछलथिन जे रामेश्वरक की अर्थ, तँ महादेव कहलथिन जे– रामः ईश्वरः यस्य सः- बहुब्रीहि समास।'

तँ एहिमे देखना गेल जे जखन दुनू एक दोसराकेँ प्रधानता देलथिन तखने हुनको दुहूक प्रधानता भेलनि। तहिना यदि पति ओ पत्नी एक दोसराकेँ प्रधानता देथिन, पतिकेँ पत्नी वेदान्तक ब्रह्म बुझथि आ पति पत्नीकेँ सांख्यक प्रकृति; तखने दुहूक बीच समन्वय भऽ सकैत छनि आ हुनका लोकनिकेँ सुखक प्राप्ति भऽ सकैत छनि।

(मिथिला-मिहिर- 29 अप्रैल 1962)